BÚSQUEDA SAGRADA

DESCUBRA LA INTIMIDAD ESPIRITUAL CON DIOS

BÚSQUEDA SAGRADA

DESCUBRA LA INTIMIDAD ESPIRITUAL CON DIOS

DOUG BANISTER

Vida

DEDICADOS A LA EXCELENCIA

$\mathscr{L}$a misión de EDITORIAL VIDA es proporcio-
nar los recursos necesarios a fin de alcanzar a las personas para Jesucristo y ayudarlas a crecer en su fe.

Para Bryden, Hunter,

Sajen y Ashten:

Que busquen lo bueno.

CONTENIDO

PRÓLOGO

A mi hijo y a mí nos encanta leer historias acerca de la Búsqueda (en cambio, a las niñas les gusta leer historias sobre caballos). Con frecuencia Hunter y yo terminamos nuestras tardes empapándonos de ellas, especialmente en invierno, cuando la noche cae temprano y ya no hay luciérnagas que atrapar ni pelotas de béisbol por arrojar. Una de nuestras historias favoritas es *El Hobbit*.

«Emprenderemos ese largo viaje poco antes de que rompa el día», le dice el guerrero Thorin al desconcertado Bilbo Baggins en el primer capítulo de la legendaria historia escrita por J.R.R. Tolkien. Ella narra una de las máximas aventuras del hobbit. Se trata de: «Un viaje que para algunos de nosotros, o quizá para todos... sea un viaje sin retorno. Este es un momento solemne».[1]

Bilbo es un hobbit de bien, algo conformista, que nunca ha tomado riesgos en su vida. Sin embargo, ahora corre tras Thorin y sus amigos enanos en el inicio de una aventura espectacular. «Hasta el final de sus días Bilbo no pudo recordar cómo fue que terminó fuera, sin sombrero, bastón o dinero, o cualquiera de las cosas que acostumbraba llevar cuando salía, dejando el segundo desayuno a medio terminar, casi sin lavarse la cara, y poniendo las llaves en manos de Gandalf, corriendo por el camino tanto como se lo permitían sus peludos pies».[2]

Pronto descubrimos que Bilbo y sus compañeros de aventura van en busca de un gran tesoro enterrado en una montaña lejana; pero la búsqueda implica mucho más que encontrar el tesoro. Bilbo está inquieto e insatisfecho con su vida. Disfruta su existencia cómoda, sin riesgos y le gusta fumar su pipa en su bellamente decorado agujero de hobbit. Sin embargo, sabe que fue creado para mucho más. La invitación de Thorin para acompañarlo en una peligrosa pero satisfactoria búsqueda atrapa su corazón. Y cuando la búsqueda termina, él ha descubierto mucho más que el lugar donde se escondía el tesoro: ha encontrado el secreto de una vida plena.

Al terminar la búsqueda regresa a su cómoda casa bajo La Colina como un hobbit muy distinto al que salió. «Aunque pocos creían en las historias que a veces contaba», señala Tolkien, «se sintió muy feliz hasta el fin de sus días, que fueron extraordinariamente largos»[3]. Así aprendemos que la verdadera felicidad solo la alcanzan quienes completan su búsqueda.

¿Por qué muchas de las historias favoritas en todo el mundo tratan sobre búsquedas importantes? Están presentes en todas las culturas y casi todas las épocas: *La odisea* de Homero, la búsqueda del Santo Grial del Rey Arturo, el *Progreso del peregrino* de Juan Bunyan y trilogía de *La guerra de las galaxias* de George Lucas. ¿Qué nos fascina tanto de esos relatos y por qué hallan eco en lo más profundo de nuestra mente?

Amamos esas historias porque la vida misma es una Búsqueda. La metáfora del viaje se identifica bien con nuestro propio mundo interior. Sabemos que la vida es un largo viaje y que mientras algunos lo terminan bien, otros lo concluyen pobremente y otros más ni siquiera lo comienzan. Los cristianos sabemos que la vida espiritual es la búsqueda más importante que existe. Comienza cuando un Thorin irrumpe en nuestro pequeño y cómodo mundo para presentarnos el Evangelio e invitarnos a emprender un viaje espiritual peligroso pero irresistible, del que probablemente nunca volvamos.

El objeto de nuestra búsqueda sagrada no es el legendario Santo Grial ni un tesoro, sino el premio final de conocer íntimamente a Jesucristo. El desencanto que sentimos, la insatisfacción de una vida vacía, el anhelo de algo más no son una broma cruel de nuestro corazón traicionero. Más bien esos susurros de nuestro interior son invitaciones a emprender una búsqueda. Nos advierten de los peligros de quedarnos en un tibio agujero de hobbit, mientras sabemos que fuimos creados para algo mucho mayor. Las voces de un corazón inquieto nos llaman a continuar con nuestra Búsqueda hasta que los anhelos más hondos del corazón se sacien en el abrazo de Cristo.

Nosotros que respondemos al llamado de Cristo y nos despedimos de nuestro mundo cómodo sin aliento, dejando el segundo desayuno a medio terminar, enfrentaremos nuestros propios dragones y duendes a lo largo del camino. Todos los poderes del infierno se desatan contra el peregrino cansado que no deja de avanzar en su búsqueda sagrada de conocer a Jesucristo. Hay traiciones y batallas, desilusiones y peligros, salidas en falso y tropiezos en la oscuridad. ¿Cómo seguimos avanzando? La verdadera felicidad que todos anhelamos solo la alcanzan quienes permanecen en el camino y no miran hacia atrás. Este es un libro para personas que desean terminar bien su Búsqueda.

En las grandes historias de búsqueda, por lo general, los aventureros tienen que descifrar acertijos o misterios para continuar su viaje. Bilbo no podía dejar atrás al miserable Gollum y seguir su viaje mientras no resolviera el acertijo de esa criatura. Igual ocurre en la búsqueda sagrada. ¿Cuáles son los enigmas por descifrar? ¿Cómo resolverlos? En el capítulo tres, este libro analiza cuatro enigmas de la intimidad espiritual que es necesario resolver para continuar con la Gran Búsqueda.

En esas historias nadie emprende la búsqueda solo... y nosotros tampoco. Algunos de los momentos más memorables de esos relatos ocurren cuando los viajeros se detienen en la noche para descansar y se animan unos a otros contándose historias en torno a la fogata. He incluido varias anécdotas de compañeros de viaje: espero que te animen y motiven en tu camino.

Frecuentemente los héroes de los relatos de búsqueda reciben la ayuda de maestros sabios que han recorrido el camino antes que ellos. Bilbo es ayudado por el mago Gandalf. En la primera parte de *La guerra de las galaxias*, Luke Skywalker no hubiera podido vencer si no hubiera contado con la ayuda de Obi Wan Kenobi.

¿Quién nos guiará a nosotros en nuestra búsqueda sagrada? Existen muchos caminos diferentes de espiritualidad cristiana y cada uno tiene mucho que enseñarnos sobre cómo resolver los misterios de la intimidad espiritual. Para hacer este libro he acudido a guías espirituales de las tradiciones carismática y evangélica, porque son las corrientes espirituales que han definido de manera más clara mi propio caminar espiritual.

Escribir este libro significó para mí una gran lucha porque se convirtió en un asunto intensamente personal. Mi propia búsqueda sagrada ha tenido su cuota de reveses. Como Bilbo, con frecuencia he deseado renunciar a la Búsqueda y regresar a la comodidad de la cual salí, o he estado a punto de conformarme con un tesoro falso que no sustituye el real.

Los primeros borradores del libro evadían tocar el terreno accidentado de mi propio corazón y lo escondía tras demasiadas citas de grandes santos que habían realizado un buen viaje en el pasado. Estoy muy agradecido con mi esposa, Sandi, con mis amigos Jim y Leanne Dickinson y con mi editor, John Sloan, por exhortarme a dejar que la história de mi propia búsqueda se mezclara con la tuya en estas páginas.

Quiero agradecer a Dave Russel, Kathy Tarr, Rick y Theresa Dunn, Janey Tolliver y Jeff Townsend por su ayuda en el proceso. Gracias también a la familia de la Blackberry Farm y a la familia Smee por proporcionarme lugares santos para pensar y escribir sobre la búsqueda sagrada.

Y sobre todo quiero agradecer a mi esposa, Sandi, porque en su amor experimento el amor de Cristo.

CAPÍTULO UNO

CUANDO FALLAMOS EN RELACIONARNOS CON DIOS

Desanimado, Brian atizó las últimas ascuas de fuego que aún ardían en la chimenea. Tomó otro sorbo de café frío y se recargó pesadamente en el sillón.[1]

—Ya casi perdí toda esperanza —dijo mientras esquivaba mi mirada—. Si mi esposa se da cuenta de que otra vez he estado viendo pornografía en internet, temo que empaque y se lleve a los niños de regreso a Detroit—. Él y yo estábamos solos en el gran salón de un lugar de retiro donde yo había dado varias pláticas. El rocío se acumulaba en las ventanas. Todos los demás se habían ido a dormir hacía ya varias horas.

—Lo he intentado todo —suspiró—. He ayunado durante veintiún días. Han orado por mí. Le he rendido cuentas a otros cristianos, pero simplemente no puedo... —su voz se diluyó en un silencio cargado de dolor.

—¿Qué sucede cuando sientes que estás batallando? —pregunté.

—Lucho más cuando estoy demasiado cansado. Nuestro bufete jurídico ha tenido un pésimo año y los socios principales nos están presionando a trabajar más horas. Además, Becky y yo hemos peleado mucho. Solo quiero escapar. A veces, cuando voy manejando de regreso a casa imagino que me sigo por la carretera hasta llegar a Wyoming.

—Pero sabes que no lo puedes hacer, así que en cambio te conectas a internet, ¿no?

—Creo que sí. Incluso he encontrado una forma de evadir la protección de nuestra computadora contra los sitios pornográficos. Me siento impotente... Antes de darme cuenta, ya estoy viendo fotos que sé que no debería ver.

Más tarde ese fin de semana le pedí a Brian q
había sido su relación con su padre.

—Fue un hombre bastante bueno –contestó.

Le pregunté si podía orar por él para específicame
Santo que le revelara cualquier recuerdo sobre su padre
lo a entender su atadura hacia la pornografía.

—Sí, hazlo... claro.

En cuestión de segundos, muchas imágenes de su infancia comenzaron a
aflorar en su mente. Brian me las describía como si estuviera viendo una película.

—Acababa de llegar de mi estancia en la universidad. Era estudiante de
primer año en la Universidad de Michigan... Había estado ausente mucho
tiempo. Mi papá estaba sentado en la sala, viendo la película de los viernes...
Al llegar yo, alzó la mano para saludar pero no se levantó.

Brian se detuvo, evidentemente conmovido, mientras volvía a vivir ese
momento doloroso.

—Creo que la película era más importante que yo.

El Espíritu Santo siguió revelando con suavidad todo un álbum de
recuerdos que hacía muchos años estaban guardados en lo más profundo de
su corazón. El tema era recurrente: ese hijo desesperado por tener el amor y
la aprobación de su padre nunca los obtuvo. Brian se quedó ahí sentado, en
silencio, por un largo rato.

—Dios te hizo para relacionarte con otros, Brian –le dije–. Fuiste creado para establecer lazos con Dios y con las personas. Los psicólogos llaman a
esto «crear lazos». En un hogar saludable, el hijo crea lazos con su padre.
Luego, el padre le enseña a su hijo cómo crear lazos con el Padre celestial.

—Eso no ocurrió conmigo.

—Es cierto, pero de cualquier manera necesitas esa cercanía. No
podemos funcionar sin una relación íntima con Dios. Cuando esta necesidad
de intimidad no se ve satisfecha de la forma que Dios quiere, empiezas a bus-
carla en otros lugares.

—¿Estás diciendo que mi lucha por dejar la pornografía en realidad
tiene que ver con mi relación con Dios? –Brian preguntó mientras en su cara
se reflejaba el asombro.

—Sí –contesté–, igual que la mayor parte de los problemas.

CREADOS PARA ADORAR

Todos necesitamos tener intimidad con Dios. Si ignoras esa necesidad, ter-
minas como Brian: buscando a Dios en el lugar equivocado. Dios nos creó
para establecer lazos emocionales con él. Todos estamos en una búsqueda que
dura toda la vida para conocerlo más íntimamente. Si hemos de convertirnos
en las personas que Dios nos ha llamado a ser, debemos aprender a relacionarnos con él.

el precio que debemos pagar si no creamos lazos con Dios puede ser increíblemente alto. Las adicciones, la baja autoestima, la depresión, la religiosidad, el agotamiento y los problemas de relación son solo algunas consecuencias que enfrentaremos si fallamos en establecer esa intimidad con Dios. Lo sé por experiencia propia. El mal manejo de mis deseos de intimidad casi me costó el ministerio: hablaré más sobre mi peregrinaje espiritual en el siguiente capítulo. Y es que mucho de lo que he aprendido sobre la intimidad lo he obtenido de mi propia búsqueda dolorosa para crear lazos con Dios. Por ahora, consideremos lo que dice la Biblia sobre la importancia crítica de acercarnos íntimamente a nuestro Creador.

LA CERCANÍA ESPIRITUAL

El Dios de las Escrituras es un Dios que establece relaciones. Los tres miembros de la Trinidad (Dios el Padre, Dios el Hijo y Dios el Espíritu Santo) existen en una relación entre ellos. Jesús describe la relación que mantienen como profundamente íntima. Le dice al Padre: «Tú estás en mí y yo en ti».[2]

El relato de la creación presenta a un Dios de relaciones que crea a un hombre y a una mujer con los que puede establecer lazos. Cuando leemos: «Hagamos al ser humano a nuestra imagen y semejanza»[3] nos damos una idea de que él es un Dios de relaciones, que vive en una relación y que crea a un hombre y a una mujer semejantes a él en este aspecto.

Dios no creó solo un ser humano, sino dos. Cuando Adán era la única persona en el universo dijo Dios: «No es bueno que el hombre esté solo».[4] ¿Por qué no? ¿No era suficiente para él su relación con Dios? Obviamente que no. Adán necesitaba tener una relación tanto con Dios como con otras personas. Por eso Jesús resumió todas las enseñanzas de las Escrituras en dos mandamientos sencillos: ama a Dios y ama a tu prójimo. «De este modo, establecer relaciones es uno de los fundamentos de la naturaleza de Dios», opina el psicólogo cristiano Henry Cloud. «Como fuimos creados a su imagen, relacionarnos con otros es nuestra necesidad más fundamental, la base misma de quienes somos. Sin relacionarnos ni crear lazos con Dios y con los otros no podemos ser fieles a nuestra verdadera esencia. No podemos ser plenamente humanos».[5]

> El Dios de las Escrituras es un Dios que establece relaciones.

Si no logramos crear lazos con otras personas, nos privamos de los nutrimentos que necesitamos para crecer. Un estudio realizado en 1945 analizó, a lo largo de los años, la salud de los bebés que eran atendidos en instituciones estatales. Las necesidades físicas de todos los niños y las niñas eran satisfechas; sin embargo, por falta de suficientes enfermeras solo algunos bebés recibían caricias, eran cargados en brazos y se les hablaba con regularidad. Los investigadores encontraron que los niños que no habían tenido contacto físico con una enfermera se enfermaban mucho más seguido y tenían un índice de mortalidad mucho más alto que los demás; su desarrollo emocional se había retrasado o incluso se había detenido.[6]

Establecer relaciones también es importante para los adultos. Durante los últimos 12 años he notado que algunas personas en mi iglesia crecen y cambian, mientras otras no. Sin excepción, lo que distingue a ambos grupos es el deseo de dedicar tiempo y esfuerzo a crear relaciones auténticas con otras personas. Crecen quienes entregan su corazón a los demás. Quienes no lo hacen, se estancan. Mi consejo pastoral para Brian cuando nos despedimos ese fin de semana fue que buscara compañeros de viaje que también lucharan con el mismo tipo de problemas y que quisieran acompañarlo en su búsqueda para ser sanado.

Y aunque es sumamente importante crear lazos con amigos, no es suficiente. También debemos establecer una relación con Dios. Relacionarnos con él a un nivel íntimo es todavía más difícil que conectarnos íntimamente con nuestros amigos, pero las consecuencias de no aprender a crear lazos con Dios pueden ser mucho más destructivas que las de no acercarnos a nuestro prójimo. Así como aquellos bebés sufrían y morían tanto emocional como físicamente porque les hacía falta el contacto humano, nuestra alma se marchita y se pudre cuando no sabemos cómo tocar y ser tocados por Jesucristo de una manera profunda y personal.

Se han escrito muchos libros excelentes sobre la significativa necesidad de establecer lazos con otros. Mi corazón está puesto en este libro para que juntos exploremos la necesidad igualmente importante tarea de desarrollar lazos con Dios.

Jesús nos enseñó que nuestra amistad con él es la verdadera fuente de vida espiritual.

> Yo soy la vid verdadera, y mi Padre es el labrador ... Permanezcan en mí, y yo permaneceré en ustedes. Así como ninguna rama puede dar fruto por sí misma, sino que tiene que permanecer en la vid, así tampoco ustedes pueden dar fruto si no permanecen en mí. Yo soy la vid y ustedes son las ramas. El que permanece en mí, como yo en él, dará mucho fruto; separados de mí no pueden ustedes hacer nada. El que no permanece en mí es desechado y se seca, como las ramas que se recogen, se arrojan al fuego y se queman.[7]

Vamos a ver qué sucede cuando no establecemos una relación cercana con el Señor Jesús.

ADICCIONES

Brian es adicto al sexo. Crear lazos con otros puede ayudarle, pero incluso los mejores amigos no pueden soportar el peso de la necesidad que una persona tiene de Dios. Las adicciones aparecen cuando se tuerce nuestro más profundo anhelo de intimar con Dios; y comenzamos a buscar relaciones ilegítimas que nos brinden intimidad. Si esa conducta se vuelve habitual y compulsiva nos atrapa por completo.

Dios describe la conducta de su pueblo cuando se lamenta: «Dos son los pecados que ha cometido mi pueblo. Me han abandonado a mí, fuente de agua viva, y han cavado sus propias cisternas, cisternas rotas que no retienen agua».[8] Estamos diseñados para beber del agua pura que brota de una relación con Dios, pero torpemente nos alejamos de ese manantial de agua viva y preferimos cisternas rotas, llenas de lodo, que no retienen agua y que nos envenenan.

«Todos somos adictos, en todo el sentido de la palabra», escribe el Psicólogo Gerald May. «Simplemente, la adicción al alcohol y a las otras drogas es más evidente y trágica ... Las adicciones no se limitan a las sustancias que se ingieren; yo fui adicto al trabajo, al rendimiento excelente, a la responsabilidad, a la intimidad, a gustar, a ayudar a otros y a otras conductas que forman una lista casi infinita».[9]

Todo en la vida es espiritual y todo en la vida esconde una búsqueda de Dios. Cualquier conducta compulsiva que no pueda controlar es una adicción, es decir, una búsqueda falsa de una relación íntima.

Otra expresión que describe el concepto de crear lazos es «apego» . En inglés es la palabra «attachment» que a su vez viene del francés «attaché», que significa «clavado a algo». Dios nos diseñó para estar «clavados» a él. Si estamos clavados en el lugar incorrecto, nuestros anhelos estarán atados a objetos específicos, y eso produce adicción.[10]

«Llenaba con comida el hueco de mi corazón».

El fracaso de Jackie en crear lazos con Dios tuvo como consecuencia un desorden alimenticio.«Había tenido sobrepeso durante toda mi vida», señala. «Hice todo lo posible por bajar de peso. Probé el Slim Fast, los Weight Watchers, la dieta de 1200 calorías, la dieta de la sopa de col y las pastillas de hierbas: estaba desesperada. Cuando nacieron mis hijos, mi peso aumentó hasta casi llegar a los cien kilos».

Jackie supo de un Taller de Control de Peso que se daría en la iglesia y se inscribió. Ahí comenzó a entender que su apetito no era únicamente de comida. «Buscaba consuelo en los alimentos cuando me sentía sola o deprimida», recuerda. «Sentía un hueco en el corazón y trataba de llenarlo con comida». Hoy, con treinta cinco kilos menos, reconoce la diferencia entre el apetito del alma y el hambre física. «Me di cuenta de que si quería cambiar, debía comenzar a buscarlo a él».

«Trataba de huir de la sensación de vacío».

Michael, un desarrollador inmobiliario, luchó contra su adicción a las drogas por un periodo de siete años, durante los cuales hizo que su esposa y sus hijos vivieran un infierno. «Lo más difícil de ser un adicto es no saber cómo o por qué uno cae en ese estado tan desesperado y de tanta impotencia», subraya Michael. «Tenía una esposa que me amaba, dos niños y uno más en camino; sin embargo, todos los días después del trabajo me divertía con un puñado de drogas tratando de escapar del dolor de haber vivido años en el vacío, tratando de encontrar algo».

Después de una noche de juerga con diversas drogas, Michael finalmente clamó a Dios: «Creí que era mi última oportunidad». Dios respondió a sus oraciones a través de la llamada telefónica de un amigo que lo invitó a un estudio bíblico matutino del grupo Guardadores de Promesas. Él había asistido con frecuencia a la iglesia, pero no había comenzado una relación personal con Jesucristo. Tampoco había experimentado una relación íntima con Dios y con otras personas, como pudo hacer en ese pequeño grupo. Finalmente encontró lo que había estado buscando: una amistad íntima con Jesús. El poder de crear lazos con Dios y con los demás fue más fuerte que el poder de su adicción. «Cambió a un hombre sin esperanza en un discípulo devoto de Jesucristo», concluye Michael.

Sin embargo, no siempre las adicciones son vencidas de manera tan dramática como en los casos de Jackie y Michael. Los patrones arraigados de deseos y satisfacciones idólatras no mueren fácilmente. La lucha de Brian aún continúa, lo mismo que mi lucha personal. En el núcleo mismo de toda adicción se encuentra un legítimo anhelo de cercanía con Dios. Cuando ignoramos ese deseo o lo «clavamos» en un dios menor atraemos mucho dolor sobre nosotros mismos, sobre nuestros seres queridos y sobre el Señor.

BAJA AUTOESTIMA

No crear lazos con Dios también puede provocar una baja autoestima. Muchos cristianos saben que él los ama, pero también es necesario experimentar en el alma este amor íntimo. Cuando sabemos más del amor de Dios que lo que experimentamos a diario de él, comenzamos a dudar: «Si verdaderamente él es quien dice ser, ¿por qué no siento su amor?». O quizá dudemos de nosotros mismos: «Rara vez siento su cuidado de mí: quizá no soy digno de su amor».

Una autoestima saludable implica más que creer una serie de cosas sobre nosotros mismos: significa saber que somos amados porque hemos tenido intimidad con Quien es Amor. Imagínate a una niña pequeña cuyos padres están en un largo viaje. Han estado lejos por tanto tiempo que ya no

Muchos cristianos saben intelectualmente que él los ama, pero también es necesario experimentar en el alma ese amor íntimo.

recuerda cómo son. Todo lo que sabe es que su nana le dice que mamá y papá la quieren mucho. Cuando la niña se siente sola, la nana saca algunas cartas viejas en las que sus padres le dicen que la aman. Después de un tiempo, la pequeña no está segura de si su mamá y su papá realmente escribieron esas cartas. Piensa que si realmente la amaran regresarían para estar otra vez con ella. Y ella estaría bien.

De igual forma, para reafirmar las verdades que leemos en las cartas del Dios vivo necesitamos encuentros cotidianos con él. La autoestima se construye sobre una combinación de verdades bíblicas y experiencia diaria. Si no logramos establecer una relación íntima con Dios nos privamos de estar conscientes a diario de que Cristo nos ama, lo cual provoca un abismo peligroso entre lo que Dios dice y lo que nosotros experimentamos.

DEPRESIÓN

Mónica, de treinta y ocho años y madre de tres hijos, tiene un gran don de motivación, una energía que parece nunca agotarse y una sonrisa llena de luz. Una noche, Mónica sorprendió a los miembros de su pequeño grupo al decirles que bajo su apariencia llena de vida se escondía una lucha agotadora contra la depresión. El autor del Salmo 42 expresa el dolor que con frecuencia sienten las personas deprimidas: «Mis lágrimas son mi pan de día y de noche», se lamenta el autor. «Me siento sumamente angustiado». Su lejanía del Señor provoca un lamento que se ha convertido en una de las súplicas más apasionadas de búsqueda de cercanía con él: «Cual ciervo jadeante en busca del agua, así te busca, oh Dios, todo mi ser. Tengo sed de Dios, del Dios de la vida. ¿Cuándo podré presentarme ante Dios?». Sin embargo, incluso en su dolor el escritor sabe cuál es la fuente de su bienestar: «En Dios pondré mi esperanza», dice, «y todavía lo alabaré. ¡Él es mi Salvador y mi Dios!». Mucho antes de que se hubiera inventado la palabra «psicología», este antiguo autor de salmos había entendido la dinámica espiritual de la depresión: proviene de una falta de intimidad con Dios. Por supuesto, no todas las depresiones tienen una base espiritual,[11] pero muchas de ellas tienen más que ver con el alma que con el cuerpo. El gozo es uno de los frutos de una vida que tiene una conexión vital con Dios, es decir, lo que las Escrituras llaman: «Una vida por el Espíritu».[12] La tristeza, la pesadumbre, la desesperación, la desesperanza y una visión gris del mundo por lo general nacen del fracaso de relacionarse correctamente con Dios.

Con frecuencia la depresión esconde dolores más profundos, como la ira y la decepción de Dios. La depresión es una manera de reprimir el dolor y el enojo que sentimos por nuestra falta de una relación íntima con él y con otras personas.

Una mañana, Mónica se reunió con su grupo para orar por sanidad. Con suavidad, los miembros del grupo comenzaron a explorar las profundidades de la vida de Mónica. Ella describió sus largos días de actividades desenfrenadas, que anestesiaban su mente: a diario la mantenían muy ocupada hasta las once de la noche. Al principio, el grupo mostró simpatía con su exceso de actividad. Luego, como deben hacer los buenos amigos, comenzaron a analizar el papel que esa actividad desempeñaba en la vida de Mónica.

«Creo que tu agenda te sirve bien», le dijo un amigo. «Me parece que estás huyendo de Dios. Tienes miedo de disminuir tu ritmo lo suficiente como para llegar a conocerlo».

«Tienes razón», admitió ella. «Quizá tengo miedo de él».

Varias tardes de oración por sanidad revelaron heridas hondas en el mundo interno de Mónica y un miedo espantoso de ser rechazada por el Padre celestial. Ella había desarrollado un estilo de vida de actividad frenética (aunque era actividad cristiana) para nunca tener que enfrentar su temor de entrar en intimidad con Dios. Recientemente Mónica comenzó a trabajar sobre su necesidad de intimidad espiritual. Su depresión no ha desaparecido por completo pero ya no es tan incisiva. Su jornada de sanidad apenas empezó. Está aprendiendo la lección que muchos debemos enfrentar: la falta de intimidad espiritual nos puede deprimir.

RELIGIOSIDAD

La religión es el máximo rival de la intimidad espiritual. Sigue el andar de Jesús en los Evangelios y fíjate en quién se opone a él. Sus conflictos no son con reyes o reinas ni con ladrones o bandidos sino con los religiosos importantes de su tiempo. La religión es un sistema humano agobiante de reglas y prohibiciones, de deberes y obligaciones que resultan incapaces de cambiar las vidas, pero que son trágicamente capaces de devastarlas. La religión es lo que queda después de que se agota el verdadero amor por Dios. Es el caparazón que resta cuando desaparece la esencia.

Dios estaba refiriéndose a la religión cuando dijo: «¡No soporto que con su adoración me ofendan! Yo aborrezco sus lunas nuevas y festividades; se me han vuelto una carga que estoy cansado de soportar».[13]

Jesús hablaba de religión cuando aludió a los líderes espirituales de su tiempo diciendo: «Atan pesadas cargas y las ponen sobre la espalda de los demás».[14]

Los cristianos nacidos de nuevo y creyentes de la Biblia no están a salvo de la amenaza de la religión viciada. Cuántas de nuestras iglesias han seguido el camino de los creyentes de Laodicea, a quienes Cristo dijo: «Por tanto, como no eres ni frío ni caliente, sino tibio, estoy por vomitarte de mi boca».[15]

Cuando no logramos fijar nuestros anhelos más profundos en Cristo, la actividad religiosa puede convertirse en una falsificación perversa de la verdadera religión. Horas de ejercicio sudoroso en el gimnasio de la iglesia sustituyen el cultivo de una intimidad real con nuestro Amigo y Amante divino, y nos encontramos a nosostros mismos solamente guardando las apariencias de la vida en la iglesia. La oración se vuelve un medio casi mágico para mantener al margen a los poderes del mal, en vez de ser un diálogo cálido con un Amigo. Los sermones del pastor ya no atraen nuestra atención. Nos volvemos insensibles al peligro eterno que enfrenta nuestro prójimo no creyente. Las misiones no atrapan nuestro corazón, nuestro dinero ni nuestras oraciones. Nuestro corazón se aleja de las prioridades del reino de Dios. Las grandes historias de la fe ya no definen nuestras decisiones ni nuestros sueños. En cambio, toman su lugar historias salpicadas de sensualidad y de oscuridad moral, alejadas del corazón de Dios. Nuestra búsqueda comienza a parecerse demasiado a la búsqueda de nuestros amigos y vecinos no cristianos. Este es el resultado más común cuando no construimos nuestra vida religiosa sobre el fundamento de una relación íntima con Cristo.

AGOTAMIENTO

Una encuesta de 1991 hecha a pastores por el Fuller Institute of Church Growth [Instituto Fuller de Crecimiento de la Iglesia] mostró las siguientes estadísticas preocupantes:

90% señaló sentirse inadecuadamente preparado para enfrentar las demandas del ministerio.
80% dijo que el ministerio ha afectado negativamente a su familia.
75% reportó haber tenido al menos una crisis relacionada con estrés
70% dijo tener una autoestima más baja ahora que cuando comenzaron.
70% afirmó no tener un amigo cercano.

Los pastores están desertando a un ritmo acelerado. «Los ministros que nos antecedieron se mantenían sobre sus sillas de montar mientras podían estar erguidos y podían alimentarse», observa Leonard Sweet, analista de la iglesia y de su futuro. «Los ministros de hoy están a mitad de camino hacia la salida, retirándose antes de tiempo, habiendo abandonado el paso vigoroso. A pesar de que lo negamos, sabemos internamente que no estamos en la cima de nuestro ministerio: él ministerio está por encima de nosotros».[16]

Un mensaje garabateado aparece en la puerta de mi oficina. Un colega pastor ha tenido una crisis emocional por la excesiva demanda de su ministerio y pregunta si puedo orar por él.

Una enorme variedad de causas derriba a un pastor de su cabalgadura. Sin embargo, existe una variable común en las autopsias pastorales: la pérdida de una intimidad con Cristo. Igual que los pastores, los ministros laicos son susceptibles de llegar al agotamiento espiritual. He sido testigo de la caída de más jinetes de los que quisiera recordar.

Debbie, madre de seis niños y uno de nuestros incansables ministros laicos, cayó en depresión luego de que su esposo, Gary, la sorprendió con un viaje a Hawaii para celebrar su cumpleaños número cuarenta. Las responsabilidades de Debbie quedaron en buenas manos al otro lado del continente y la adrenalina con la que estaba acostumbrada a vivir disminuyó. Entonces tuvo oportunidad de detenerse y hacer un balance de su mundo interior: encontró que ya no le quedaba gran cosa de él.

«Simplemente choqué», recuerda. «Me había excedido trabajando muy duro en un ministerio que no disfrutaba en realidad y para el que no me sentía llamada». Cayó en una depresión profunda y en un típico caso de agotamiento pastoral. «No tenía gozo ni ilusión. Pensaba: "Si esto es lo mejor que puedo lograr, quiero salir corriendo."»

Debbie y Gary renunciaron a sus actividades ministeriales tan pronto como regresaron de Hawaii. Los días se convirtieron en semanas. Ella se alejó de todos sus amigos, salvo unos pocos. La abrumaba la sola idea de volver a caer en el torbellino de actividad en el que había vivido. Al mirar hacia atrás, se asombraba de cómo alguna vez pudo vivir de la manera como lo hizo. «Todo estaba al revés en mi vida», confiesa. «Estaba haciendo cosas buenas y tratando de encontrar a Jesús en ellas. Dios tuvo que enseñarme que mi primer interés debía ser mi relación con Jesús».

El instructor que Dios usó para mostrarle a Debbie esa lección de vida fue Andrew Murray. Después de vivir varias semanas en la noche oscura de su alma, tomó de la repisa un ejemplar viejo del libro *Abide in Christ* [Morar en Cristo], de Murray y leyó sus devociones clásicas sobre la intimidad espiritual. «Dios usó ese libro para sanarme», recuerda con gratitud. «Me di cuenta de que había hecho tanto que no me había quedado tiempo para morar en Cristo».

Esas verdades transformaron la vida y el ministerio de Debbie. «Ya no soy la misma persona», admite. «Y nunca volveré a ser como fui». Ahora la piedra angular de su vida y su ministerio es el tiempo que pasa a diario con Jesús. Ella dice que esos momentos reflejan su sentido de dependencia de Dios. «Cuando no me doy ese tiempo», señala, «me siento con poca energía para mi familia o mi ministerio». Así, lo que era una rutina aburrida se ha convertido en los momentos que le dan ritmo a su vida. Debbie lee varios versículos de las Escrituras y luego escribe lo que escucha que Dios dice en su palabra. «La clave está en morar», apunta. Esos momentos diarios en diálogo con el Señor le permiten hacerlo.

Es bueno recordar la advertencia de Jesús sobre el ministerio que carece de una relación íntima con él: «El que no permanece en mí es desechado y se seca, como las ramas que se recogen, se arrojan al fuego y se queman».[17]

PROBLEMAS DE RELACIÓN

Solo podemos disfrutar la intimidad de una relación con otras personas si disfrutamos la intimidad de nuestra relación con Cristo. Nuestros seres queridos pueden ser buenos amigos pero serán dioses deficientes: más vale que no les pidamos que hagan por nosotros lo que solo Dios puede hacer... pero con frecuencia lo hacemos.

Piensa en alguna situación cuando un amigo cercano o un familiar te decepcionó. Quizá te sentiste herido porque esa persona realmente te falló; puede ser que hasta haya pecado contra ti. Sin embargo, tu decepción puede tener otro origen: tal vez habías establecido esa relación con base en necesidades emocionales de las que ni tú ni esa persona eran conscientes.

Cuando no hemos establecido una relación con Dios, cuando no estamos caminando a diario con la plena conciencia de que somos amados, cuando la voz de Jesús no es la que afirma y guía nuestra alma, inevitablemente buscamos esa certeza y guía en otro lugar. La naturaleza aborrece el vacío y también lo odia nuestra alma, un alma vacía no permanece así por mucho tiempo. Cuando Dios no está presente, una hueste de dioses menores está presta para intervenir. Uno de los impostores más comunes en el trono de nuestro corazón es la amistad.

En una ocasión escuché al psicólogo Dan Allender advertir sobre el peligro de dar a otras personas: «El poder de redimirte o destruirte». Ese poder solo le pertenece a Dios. Sin embargo, cuando fracasamos en establecer una relación íntima con él, fácilmente cedemos a otros esa autoridad de redimir o destruir: en general lo hacemos con personas significativas, fuertes, que hablan poderosamente a nuestra vida.

Ann desarrolló intensos sentimientos de amargura y resentimiento contra Carol, quien en alguna ocasión había sido su amiga cercana y guía espiritual. Sentía una violenta ira cuando tenía que escucharla orar o hasta hablar. Desesperada por cambiar, pero atrapada en su enojo, Ann incluso pensó en dejar la iglesia: todo con tal de alejarse de Carol.

Un día en el almuerzo habló con una amiga sobre su lucha.

—¿Qué te hizo Carol? –preguntó la amiga.

Ann lo pensó un momento.

—En realidad creo que no mucho. Yo me sentí muy emocionada cuando me dijo que quería ser mi guía espiritual. Al principio todo iba muy bien y aprendí mucho pero...

—¿Pero qué?

—Bueno, nuestra relación empezó a cambiar. Carol tuvo otro bebé y yo regresé a trabajar. Dijimos que seguiríamos reuniéndonos pero no pudimos hacerlo. A veces le dejaba mensajes pero ella nunca me llamaba. Sin embargo, no estoy segura de por qué le doy tanta importancia. Te hago lo mismo a ti ahora que trabajo —le sonrió a su amiga, quien le devolvió la sonrisa mientras asentía.

Un alma vacía no permanece vacía por mucho tiempo.

Ann se sorprendió de cuán triviales sonaban esos «crímenes». En realidad no explicaban la ira enraizada que ardía en su corazón contra Carol.

—¿Destaca en tu mente algún recuerdo?

Los ojos de Ann se encendieron de enojo.

—Sí —dijo mientras su cuerpo entero se tensaba—. Cuando Carol prometió discipularme dijo que realmente me quería y que pensaba que algún día yo sería una gran líder. Recuerdo que me sentí tan amada, tan especial; eran sentimientos que no tenía desde...

—¿Desde cuándo?

Ann agitó lentamente su té, pensativa. Pasaron varios minutos.

—Desde... nunca —dijo suavemente, recorriendo con el dedo el borde de la taza—. Nadie me había hecho sentir así. Ni siquiera mi propia madre.

Ella y su amiga se reunieron en otras ocasiones. Ella descubrió que había iniciado esa amistad cargando consigo muchas necesidades emocionales. Había esperado que Carol fuera mucho más que una amiga y le había dado demasiado poder sobre su vida. En varios sentidos, Carol se había convertido en un dios para ella, otorgándole sentimientos de importancia y valía.

Ann tomó su necesidad de tener intimidad y la clavó a una amiga. Como inevitablemente sucede, esa amiga resultó ser un dios imperfecto. Actualmente todavía añora la relación que pudo haber establecido con Carol, pero su ira irracional ya desapareció. Ella ha comenzado su propia búsqueda para conocer a Dios: sabe bien del peligro que enfrentan las almas que no han creado lazos con Dios e inician relaciones significativas.[18]

PÉRDIDA DE LA VISIÓN

Recientemente le pregunté a un grupo de hombres de negocios cuál era su pregunta espiritual más importante. La ganadora indiscutible fue: «¿Cómo descubro mi llamado en la vida?». Creo que Dios tiene un llamado especial para cada creyente: para dentistas, electricistas, directores de grandes empresas y pastores por igual. El llamado es la visión única de Dios para tu vida. Esos hombres de negocios estaban planteando una de las preguntas más importantes de la existencia: ¿Cómo descubro mi visión en la vida?

La visión nace de una comunión íntima con Dios. De igual forma en que la intimidad entre un hombre y una mujer engendra un bebé, nuestra visión nace de la intimidad con Dios. Descubrimos nuestro llamado en la vida conforme conocemos a Quien Llama. Me doy cuenta que muchas personas llevan vidas carentes de visión porque no conocen a quien es La Visión. Pasan su vida entera haciendo lo que los demás creen que deben hacer, o lo que hace falta hacer, o lo que le gusta hacer a una persona que respetan. Nunca se detienen lo suficiente como para descubrir lo que Cristo los llamó a hacer. Al final de sus vidas no son capaces de decir lo que Jesús afirmó antes de morir: «Yo te he glorificado en la tierra, y he llevado a cabo la obra que me encomendaste».[19] El problema es que nunca supieron qué les mandó hacer el Padre.

Una razón por la que escribo este libro es que he visto a demasiados hombres y mujeres buenos vivir penosamente sin tener idea de la visión única que Dios tiene para ellos. Es una tragedia tanto para ellos como para las personas que su visión hubiera podido tocar. Conocer a Jesús nos permite conocer nuestro llamado. En el último capítulo vamos a explorar cómo la intimidad espiritual engendra la visión.

UNA INVITACIÓN A BUSCAR JUNTOS

¿En verdad es posible que una relación con Dios sea tan satisfactoria que haga palidecer a los dioses menores del trabajo, el poder, el sexo, las drogas, el alcohol, las relaciones o el dinero? ¿De veras es posible estar tan «clavado» a Dios que mi autoestima se base en la conciencia de experimentar su impresionante amor por mí? ¿Puedo atreverme a confiar en tener una relación tan cercana con Dios que mi corazón se llene de nueva visión y mi religión se convierta en una búsqueda candente por conocer y adorar al Cristo vivo? ¿Es verdad que mi relación con Cristo puede saciar mi sed de amor, de aprobación y del reconocimiento paterno? ¿Realmente puedo encontrarme

Amar a Dios y a los demás es el corazón mismo de la fe bíblica.

con Cristo con tal intimidad que ya no recorra el camino de mis adicciones? ¿En realidad puede Jesús tocar la brutal soledad de mi corazón? ¿Me atrevo a creer que el abrazo de Jesús puede ser tan real para mí como el de un amigo confiable? ¿Es demasiado pedir? No, no es demasiado pedir. De hecho, esa es la esperanza del Evangelio. Hemos sido creados para establecer una relación con Dios y con otras personas.

Amar a Dios y a los demás es el corazón mismo de la fe bíblica. «Ama al Señor tu Dios con todo tu corazón, con todo tu ser y con toda tu mente», dijo Jesús. «Este es el primero y el más importante de los mandamientos. El segundo se parece a este: "Ama a tu prójimo como a ti mismo"»[19]. Este libro trata sobre cómo obedecer el primero de estos mandamientos: amar a Dios y ser amados por él con cada parte de nuestro ser.

Lo sepamos o no, tú y yo estamos en una búsqueda para conocer íntimamente a Dios. El sendero que debemos recorrer para completar esa búsqueda es largo y peligroso. Las páginas que siguen fueron escritas con la esperanza y la oración de que te motiven conforme caminas los kilómetros solitarios de tu propio viaje.

He decidido no escribir como un guía espiritual. No he avanzado lo suficiente en mi propio andar como maestro: el siguiente capítulo tristemente lo demuestra. En cambio, mis palabras son las de un compañero de viaje que quiere andar contigo a lo largo del camino. Si aceptas un acompañante toma mi mano y comencemos.

CAPÍTULO DOS

MI ODISEA
CONTRA LA ADICCIÓN

Mil novecientos setenta y dos no fue un buen año. Estados Unidos se encontraba en una gran agitación política: estábamos perdiendo nuestra primera guerra. Los terroristas habían convertido los Juegos Olímpicos de Munich en un campo de batalla y un hotel llamado Watergate estaba a punto de convertirse en símbolo de las ilusiones rotas del país. Sin embargo, mi lucha personal guardaba muy poca relación con las noticias de primera plana sobre el retiro de tropas y las investigaciones en el senado. Tenía un problema mucho mayor: sobrevivir en la clase de sexto grado de la maestra Alvenia Rhea.

LIEBRES, CASTORES Y CONEJOS

La escuela primaria Worthingway tenía su propio sistema de castas y no tardé en descubrir cómo funcionaba. Los mejores alumnos eran rápidamente apartados en grupos de estudio avanzado. Nuestras maestras, sensibles al trauma emocional que ese sistema podía causarnos, elegían nombres clave inspirados en las novelas de George Orwell para disimular el hecho de que algunos niños eran más espabilados que otros. Mi maestra dividía el grupo por especies animales: por ejemplo, estaban los conejos, los castores y las liebres. Otra profesora quizá agrupaba a sus alumnos por colores: «Los niños del equipo rojo de lectura irán hoy a la biblioteca».

Sin importar qué tipo de nombre nos dieran lo cierto era que a mí no me engañaban. Si los conejos eran el grupo más destacado, entonces yo tenía que ser uno de ellos. Hasta sexto grado fue que pude escalar los niveles de las liebres y los castores, y llegar a los conejos. Claro que los chicos de sexto ya no querían ser llamados «conejos», así que la maestra Rhea buscó alguna otra clasificación para sus alumnos, la cual ya no recuerdo. Pero los nombres de cada categoría no era lo importante: sino que yo había llegado a la cima de la montaña de mi escuela primaria. Había asegurado mi lugar en el círculo exclusivo. Todos los años que me había tomado vencer a mis compañeros habían valido la pena.

Las mieles del éxito fueron tal como las había imaginado. A los de mi grupo selecto nos dejaron estudiar a nuestro propio ritmo. Cuando la maestra Rhea necesitaba que alguien llevara un papel a la dirección de la escuela nos lo pedía a nosotros. Además, yo sabía bien que mis papás, maestros con un buen nivel educativo, estaban complacidos con mi éxito académico. Lo mejor de todo era el dulce sabor de ser un miembro del grupo más destacado. Mis compañeros y yo intercambiábamos miradas cómplices cuando un estudiante menos brillante daba una respuesta incorrecta, desarrollamos nuestro propio lenguaje en código (que solamente nosotros podíamos descifrar) y los viernes por la tarde caminábamos juntos a la cafetería para disfrutar un helado.

C.S. Lewis describió el fenómeno del círculo exclusivo cuando en 1944 dio una plática a los alumnos del King's College: «Uno descubre poco a poco, de manera casi indefinible, que ese círculo existe y que uno está fuera de él; después, quizá, que uno ya está dentro», dijo: «Creo que en la vida de todos los hombres en ciertos momentos y en la vida de algunos hombres todos los momentos... uno de los factores más fuertes es el deseo de estar dentro de ese círculo exclusivo y el terror de sentirse fuera». El moralista de Oxford concluyó sabiamente su plática con esta reflexión: «Ese deseo es uno de los móviles esenciales de la actividad humana ... Y a menos que uno tome medidas para prevenirlo, ese deseo será uno de los principales motivos en la vida».[1]

En 1972 no había oído hablar de C.S. Lewis, pero sí sabía del seductor poder de ese círculo exclusivo... y del terror de quedar fuera. El deseo de tener éxito, de obtener el favor de mis superiores, de sobrepasar a todos los demás y de luchar para pertenecer al grupo de élite de quienes rinden más de lo esperado ya se había convertido en una pasión que controlaba mi vida.

MEMBRESÍA RECHAZADA

Mi membresía en el círculo exclusivo fue rechazada poco tiempo después de las vacaciones de Navidad. Mis notas habían empezado a bajar y carecía de la disciplina mental necesaria para permanecer concentrado en un medio con poca estructura educativa. Bastó una sola cita padres-maestra para que me regresaran al mundo del que me había costado tanto trabajo salir: el de las liebres y los castores, es decir, el temido mundo de los «estudiantes promedio».

Empecé a tener pesadillas. Con el corazón latiéndome fuertemente y la cara empapada en sudor me sentaba en la cama mientras emitía un lamento largo y quedo. «¿Qué pasa, mi amor?», preguntaba mi mamá, mientras me sacudía suavemente para que despertara. «La universidad», tartamudeaba. «Soñé que las mejores universidades me rechazaban».

Preocupada por la neurosis que me generaba mi desempeño académico, mi madre visitó al doctor Park, nuestro médico familiar. «El chico está desarrollando una úlcera», informó el doctor. «Se preocupa demasiado». Sí, me preocupaba tanto que estudiaba treinta horas para un examen de ciencias de sexto grado; tanto que cuando al final de mi último año de bachillerato bajó mi promedio (y se esfumó mi oportunidad de dar el discurso de despedida a fin de curso) la vida me pareció carente de propósito... De hecho, llevaba cinco años preparando las palabras para el día de nuestra graduación. Me preocupaba tanto, que secretamente investigaba quién de mis compañeros estudiaba más y luego me aseguraba de estudiar una hora más. Las pesadillas finalmente desaparecieron pero no mi obsesión compulsiva por destacar.

Mis padres nunca me presionaron para sobresalir académicamente. Cuando la presión por mantener un promedio alto comenzó a cobrar su cuota en mi salud, incluso prometieron premiarme si lograba sacar ¡un ocho! Yo amaba a mamá y a papá, los respetaba y aprendía de ellos cuando los veía esforzarse en sus propios estudios universitarios y trabajar duro para alcanzar sus sueños. Aprendí una lección cuando papá habló con admiración de su madre Pat, una de las primeras mujeres que se graduaron de la Universidad Columbia. Aprendí una lección cuando mamá regresó a trabajar con el fin de ahorrar dinero para que pudieran enviarme, en sus propias palabras, «a cualquier universidad a la que puedas entrar». Aprendí una lección cuando llegaron ofrecimientos de becas y el buzón de casa se llenó de cartas enviadas por instituciones desconocidas que querían que yo estudiara ahí. Aprendí una lección cuando mi nombre apareció en el periódico nombrándome ganador de una beca para estudiar Periodismo y las mamás en la piscina local murmuraban: «Ese muchacho va a llegar lejos», mientras yo me acercaba a mi silla de salvavidas. Y también aprendí una lección cuando regresé a casa al terminar mi primer año de la universidad y descubrí que las chicas que un año antes perseguían a jugadores de futbol americano ahora se interesaban por un joven con una carrera prometedora.

Los niños son inteligentes. Echan una mirada a su mundo, entienden cómo ganarse el amor y evitar el dolor y trazan un plan en consecuencia. Mi propio plan estaba bien estructurado tiempo antes de conocer el círculo exclusivo de la maestra Rhea: Trabaja duro. Logra mucho. La gente te querrá. Dios te sonreirá.

UNA ADICCIÓN SOCIALMENTE ACEPTADA

En esa época yo no sabía que lo que realmente deseaba era tener una relación con Dios ni que mi deseo obsesivo por alcanzar el Santo Grial del éxito tan solo era una adicción socialmente aceptada. Años después me vi a mí mismo reflejado en las palabras del psicólogo Gerald May:

> Después de veinte años de oír los anhelos más hondos del corazón de las personas, estoy convencido de que todos los seres humanos deseamos a Dios desde nuestro nacimiento. No importa si somos conscientemente religiosos o no: ese deseo es nuestro anhelo más profundo ... Nos da significado ... Es una sed de amar, de ser amados y de acercarnos a la Fuente del amor ... Pero algo se interpone en el camino. Algo atrapa nuestros deseos y nos entregamos a cosas que, siendo totalmente honestos, realmente no queremos ... La adicción ... nos aleja del amor ... La adicción atrapa el deseo, ata y esclaviza la energía del deseo a conductas, cosas o personas específicas ... La adicción es el principal enemigo psíquico del deseo humano de Dios.[2]

Mi conversión al cristianismo quitó de mi vida la culpa del pecado pero no el impulso obsesivo por destacar. El ministerio se convirtió en otra manera de sobresalir. Me convertí en líder de la Fraternidad de Atletas Cristianos y del grupo juvenil de mi escuela. Durante mi primer año en la universidad di estudios bíblicos a mis compañeros. Escalé los peldaños de la Cruzada Estudiantil para Cristo: hice todo lo necesario para obtener el aplauso de mis líderes y ganarme un espacio en el círculo exclusivo de la Cruzada. Me gradué de la universidad Northwestern en un caluroso día de junio de 1983: tuve el título de periodismo en mi mano y, en mi corazón la firme convicción de que si trabajaba suficientemente duro podría hacer lo que quisiera en la vida.

«Hay dos clases de personas en el mundo», recuerdo haber dicho a un amigo. «Unos hacen que las cosas sucedan. Los otros ven cómo suceden. Yo soy del primer grupo».

Ya estaba firmemente asentado el sistema de creencias de mi adicción.

«Trabaja duro y haz lo correcto en el ministerio y la gente te querrá».
«Trabaja duro y haz lo correcto en el ministerio y Dios te amará».

Junto con esas convicciones profundas venían otras más oscuras.

«Fracasa en el ministerio y serás indigno de amor».
«Dios te ama solo cuando trabajas bien para él».

Otro anhelo se escondía todavía más profundamente y ahí permanecería oculto a mi conciencia durante una docena de años más. Era un deseo de encontrar figuras paternas y complacerlas. Cuando dejé de vivir en casa me volví a otros hombres maduros para que hicieran conmigo el papel de padres.

La Cruzada Estudiantil destaca por su discipulado de los estudiantes: a mí me discipularon muchos grandes hombres. Les di poder sobre mi vida (luego tendría que aceptar que había sido demasiado poder) y me alimentaba de sus palabras de motivación y elogio. Había encontrado una estrategia de vida que funcionaba... o al menos así parecía. Encontrar un ministerio, trabajar duro, hacer todo mejor que la mayor parte de los compañeros y beber los elogios de las figuras paternas.

Un año después me inscribí en el seminario.

MI ADICCIÓN SE ALIMENTA

Los adictos tienen una asombrosa habilidad para hallar lo que buscan en cualquier lugar donde la vida los lleve. Los drogadictos pueden encontrar una dosis de droga en París igual que en Peoria y los adictos al sexo encuentran una prostituta con la misma facilidad en Boston que en Budapest. C.S. Lewis, en sus pláticas en King's College, suavemente reprendía a los jóvenes: «Aquí también, en esta universidad... ¿me equivoco si asumo que en este momento, aunque invisibles para mí, existen en este salón[3] varios círculos exclusivos?».[4]

La Escuela Teológica Talbot se convirtió en el lugar perfecto para que yo alimentara mi adicción. Pronto encontré el camino para alcanzar su círculo exclusivo.

Tomaba más clases que la mayoría, predicaba los fines de semana, servía en mi iglesia, daba dos cursos de inglés a los estudiantes de primer año y aun así sacaba excelentes notas. Mis maestros eran hombres de la edad de mi padre: piadosos y amables, recompensaban a los estudiantes dedicados dándoles buenas calificaciones y oportunidades de predicar. Durante mi año intermedio obtuve el premio Louis Talbot al estudiante que mejor ejemplificaba los valores de nuestro seminario. En mi último año gané el galardón de homilética al estudiante con más habilidad para predicar. Pero mi arduo trabajo me dio algo mucho más significativo: el respeto de figuras paternas que se convirtieron en mis tutores.

La relación de discipulado que causaría el mayor impacto en mi vida la tuve con Jack Tarr, un médico y compañero en Talbot. Jack era doce años mayor que yo y representaba todo lo que yo quería llegar a ser como hombre cristiano. Jack estaba profundamente enamorado de su esposa Kathy, era el paciente padre de cuatro niños y estaba tan consagrado al ministerio que había dejado de lado su carrera como médico para estudiar en el seminario.

Él y yo empezamos a pasar tiempo juntos y pronto descubrimos que compartíamos la visión del ministerio. Jack, Kathy, Sandi (mi esposa) y yo comenzamos a hablar sobre nuestro deseo de fundar una iglesia. En julio de

1987 nos mudamos a Knoxville, Tennessee para unirnos a los Tarr en la fundación de la iglesia Fellowship Church. Realizamos nuestra primera reunión en el sótano de casa de los Tarr: asistieron veinte personas. El futuro prometía ser brillante. Las convicciones profundas que había adquirido en la escuela primaria volvían a mostrar su validez: trabaja duro, ministra bien y la gente te querrá, Dios te sonreirá y los padres te aplaudirán.

EL PROBLEMA DE OBTENER LO QUE PIDES

Los siguientes años no me dieron motivo para dudar de la fórmula de éxito que me había funcionado tan bien por veinticinco años. Tomé dos trabajos de medio tiempo y trabajaba en la iglesia el resto del tiempo. Empezamos los cultos dominicales en el otoño y la asistencia se duplicó. Después nos mudamos a la cafetería de una escuela secundaria y pronto el tamaño se triplicó. Siete años más tarde nos mudamos a nuestro nuevo edificio y los feligreses aumentaron de novecientos a dos mil.

Los símbolos del éxito evangélico pronto empezaron a llegar a mí: nos reconocieron como una de las iglesias de más rápido crecimiento en Estados Unidos y nos mencionaban en libros de iglecrecimiento. En la revista de la denominación aparecían con frecuencia artículos sobre los ministerios de nuestra iglesia. Cuando quedó vacante la presidencia de la denominación me invitaron a participar. Empecé a recibir invitaciones para predicar en todo el país e incluso en el extranjero. Muchas de las metas que había establecido para mi vida durante mis años de universidad se estaban cumpliendo. Terminé mi doctorado y publiqué mi primer libro. Sandi y yo teníamos un hogar lleno de las risas de cuatro niños sanos y maravillosos. Construimos otro templo, mucho mayor, para acomodar a las multitudes que llegaban por oleadas y abrimos nuestra primera iglesia hija. Conforme me acercaba a los cuarenta años todo indicaba que podía decir como David: «Bellos lugares me han tocado en suerte; ¡preciosa herencia me ha correspondido!».[5]

Sin embargo, las apariencias engañan. La herencia de mi ministerio continuaba creciendo pero no la disfrutaba en absoluto: mi mundo interior estaba fracturado. Aunque mi «carrera» pastoral recibía excelentes notas, mi interior se derrumbaba.

PERSEGUIDO POR PABLO

La primera pista de que las cosas no estaban bien llegó cuando di unos sermones sobre Romanos, capítulos cinco al ocho. La descripción de Pablo sobre nuestra relación con Cristo comenzó a perseguirme. El apóstol habla de un Dios que «ha derramado su amor en nuestro corazón por el Espíritu Santo», y de estar «unidos con Cristo». Afirma que: «Todos los que son guiados por el Espíritu de Dios son hijos de Dios», y se refiere a una relación tan íntima con Cristo que: «El Espíritu mismo intercede por

El horror de la adicción es que permitimos que los sustitutos de Dios llenen nuestra alma y perdemos el deseo del bien real.

nosotros con gemidos que no pueden expresarse con palabras».[6]

Sabía poco acerca de una amistad tan íntima con Cristo que su amor se derramara sobre mi corazón como una cascada; una relación tan personal que yo pudiera decir que mi vida realmente era «guiada por el Espíritu de Dios». Como quien sigue un guión evangélico, yo con frecuencia hablaba de tener una relación personal con Jesús. Sin embargo no había pensado que esa relación pudiera ser tan personal que Cristo, y únicamente él, pudiera tocar el clamor de mi corazón de que alguien me dijera «bien hecho».

Mis títulos, mi reputación como una joven promesa del pastorado y el elogio de las figuras paternas de mi vida habían saciado mi necesidad de afirmación. El horror de la adicción es que permitimos que los sustitutos de Dios llenen nuestra alma y perdemos el deseo del bien real. «Espiritualmente, la adicción es una idolatría de raíces profundas», escribe Gerald May. «La adicción consume el deseo».[7]

DERRIBAR LOS ALTARES PAGANOS

No volví a esas verdades del libro de Romanos sino hasta que los dioses menores del éxito y el aplauso comenzaron a fallarme. ¿Podía mi relación con Cristo ser tan satisfactoria que esos dioses menores perdieran su atractivo? ¿Es posible cultivar una relación tan real con Cristo que los dioses impostores que yo había perseguido por tanto tiempo ya no me sedujeran? Y si era posible, ¿cómo lograrlo? ¿Cómo se crea ese tipo de relación? Conozco las reglas para obtener la intimidad falsa del círculo exclusivo. ¿Cuáles son las de la intimidad verdadera? Estaba haciendo las preguntas adecuadas y tuve el deseo de haber sido suficientemente sabio como para haberlas preguntado tiempo antes.

«¡Arrepiéntanse!», Dios le dijo a los israelitas por medio del profeta Ezequiel. «Apártense de una vez por todas de su idolatría».[8] Él veía a los ídolos a los que su pueblo había recurrido como unos falsos amantes. Dios lloró, como un amante herido, mientras su pueblo amado multiplicaba «sus fornicaciones»[9].

Cuando se producía un avivamiento en el pueblo de Dios, generalmente empezaba con el derribo de los ídolos falsos. El rey Ezequías comenzó un avivamiento cuando «hizo lo que agrada al SEÑOR» y «quitó los altares paganos» donde sus hijos adoraban a los dioses falsos.[10] El avivamiento personal también empieza con el derribo de los ídolos y la exposición de nuestras adicciones. Cuando estamos tan cegados por nuestras adicciones que no podemos ver los barrotes de nuestra prisión, Dios con frecuencia interviene a nuestro favor y en su gracia estruendosa destruye los altares paganos de nuestra vida y nos llama de regreso a nuestro primer amor. Él empezó a intervenir de esa manera en mi vida en un día tempestuoso de noviembre, con una llamada telefónica que nunca olvidaré.

LECCIONES EN LA UNIDAD DE ONCOLOGÍA PEDIÁTRICA

La llamada vino de un hospital infantil. Mi hija de siete años había estado sufriendo de un largo cuadro de mononucleosis y Sandi la había llevado a realizarle un ultrasonido de rutina. Nunca pensé que otra cosa pudiera estar mal pero el examen reveló un tumor canceroso de 1.3 kg detrás del riñón. En cuestión de horas estábamos reunidos con el oncólogo pediatra, aprendiendo más de lo que nunca hubiéramos querido saber sobre los efectos colaterales de la quimioterapia sobre el cuerpo de un niño. Cuando salimos del hospital esa noche, yo todavía llevaba astillas de madera en mi chaqueta manchada de pintura. Tenía una vaga conciencia de que un capítulo extraño y nuevo se abría en nuestras vidas.

Durante los siguientes dieciocho meses, cada lunes llevamos a Bryden a la unidad de oncología pediátrica para sus sesiones de quimioterapia. Vimos cómo se le caía el cabello, acariciamos su frente cuando vomitaba al terminar cada sesión y oramos en silencio durante cada transfusión sanguínea, pidiendo que la sangre no estuviera contaminada. Nos hicimos amigos del fabuloso equipo de la clínica de oncología pediátrica y de las hermosas familias que ahí sufrían. Celebramos con los niños que eran dados de alta, libres del cáncer, y lloramos por los que nunca dejarían el hospital. Cada año,

> Mi teología a toda prueba le prohibía a mi mente formular las preguntas sin respuesta que los padres que sufren han arrojado al cielo a lo largo de miles de años, pero mi corazón de cualquier manera las hizo.

los sobrevivientes suelen asistir a un campamento de verano de una semana. El campamento termina con una ceremonia que se realiza en un jardín especial, dedicado a los niños que ya no pudieron estar presentes.

Por primera vez en mi vida, destacar no era mi prioridad: sobrevivir sí lo era. Han pasado casi cuatro años desde que por primera vez vi en el ultrasonido el óvalo borroso que amenazaba con llevarse la vida de mi hija. Sorprendentemente miro hacia atrás a esos días con una mezcla de dolor y cariño, porque fue la primera vez en que me sentí amado sin sobresalir. En el hospital infantil yo no era el pastor ni el escritor ni el predicador, sino un padre con el corazón roto. Eso era todo lo que tenía que ser. Nuestra iglesia y nuestra familia nos abrazaron con su amor y las oraciones de varias partes del mundo nos mantuvieron.

A veces, durante nuestras estancias en el hospital bajaba las escaleras hasta una capilla interreligiosa. Dios me encontró ahí de una forma que yo nunca había experimentado antes: con el amor de un Padre por su hijo que sufre, el amor «que se derramó» en mi corazón como Pablo lo describe en Romanos. El Padre confirmó al Hijo como su muy amado *antes* de que Jesús hiciera nada por él. Por fin comprendí cómo se siente esa clase de amor y quise más.

Durante esa época, la experiencia del amor de Dios se mezcló con un dolor profundo. Conforme pasaban los meses yo entraba y salía de la depresión y en varias ocasiones perdí la batalla ante el miedo. La confusión me acechaba, en particular al fin de los largos días en el hospital. Mi teología a toda prueba le prohibía a mi mente formular las preguntas sin respuesta que los padres que sufren han arrojado al cielo a lo largo de miles de años, pero mi corazón de cualquier manera las hizo: *¿Por qué mi hija? ¿Acaso no oré por ella más que la mayoría de los padres? ¿Podremos ganar esta batalla? ¿Podremos seguir si la perdemos?*

Sin que entonces yo lo supiera, el Cirujano divino estaba haciendo una incisión profunda en mi alma, penetrando en el sistema de creencias adictivo que durante treinta y cuatro años levanté: un sistema que hundía sus raíces en la mentira de que el trabajo duro y el servicio fiel te protegen del dolor. Una enfermedad mortal había atacado mi alma y no podía sanarme a mí mismo. La gracia violenta de Dios me partió en dos y desgarró la fuerza que yo mismo había erigido. Sin embargo, me aferraba a lo que quedaba de mi poder personal. Serían necesarias varias caídas más antes de que yaciera indefenso y desesperado por recibir el toque sanador de Dios.

LA PRISIÓN DEL ÉXITO

Una de las ironías de la tragedia es que la vida sigue adelante sin ti. Nuestra iglesia siguió creciendo y, con ella, mis responsabilidades. Sin embargo, algo era diferente. El fuego y la energía que marcaron mis primeros años en el ministerio se habían debilitado. El crecimiento explosivo que nos dio la fama de «una de las iglesias de más rápido crecimiento de Estados Unidos» se había convertido en un grillete para mis pies. No éramos capaces de mantener el paso de nuestro crecimiento y la gente se caía en las grietas que surgían. Muchos habían dejado la iglesia, algunos de ellos con enojo y desilusión. Varias de las «figuras paternas» a las que yo había volteado al principio también se fueron y se llevaron consigo un pedazo de mi corazón. Hicimos una campaña para levantar fondos para un nuevo templo y no alcanzamos la meta propuesta. Algunos cuestionaron mi motivación para tener un edificio nuevo. ¿Sería que solamente me interesaba construir mi propio reino?

«¿Y los pobres?», me gritó un buen amigo durante una reunión nocturna de líderes. «¿Cómo puedes construir un edificio de cinco millones de dólares cuando en nuestra propia ciudad mucha gente duerme en la calle?»

El ministerio se convirtió en una serie interminable de reuniones y días muy largos dedicados a resolver problemas que nunca parecían agotarse. Perdí mi gozo y otra vez caí en una depresión leve. Por primera vez me encontré pensando en dejar el ministerio. Mi amor por la gente poco a poco se contaminó de amargura y con frecuencia me quejaba con mis colaboradores cercanos por su «falta de sumisión a la autoridad». Las cartas de crítica a veces me hacían llorar. Me estaba convirtiendo en un hombre enojado, cansado. Los mitos que habían guiado mi vida se estaban debilitando bajo el peso de la vida.

Trabaja duro.
Ministra bien.
La gente te querrá.
Dios te sonreirá.
Los «padres» te aplaudirán.

Había trabajado duro y trataba de ministrar bien, pero la gente estaba enojada, Dios no me sonreía y los «padres» ya no me aplaudían.

UN FRACASO DOLOROSO

Quien esté familiarizado con la dinámica de una relación saludable quizá entienda que mi hambre por buscar figuras paternas predispuso al fracaso, desde el principio, mi relación con Jack. Puedo entender a los buenos cristianos que de pronto se encuentran a un paso del divorcio y se preguntan cómo llegaron hasta ahí. Jack y yo casi nos divorciamos... y en ese proceso por poco acabamos con la iglesia.

Aunque nos amábamos profundamente, los Tarr y los Banister forcejeamos en nuestra relación desde los primeros días de nuestra iglesia. Ninguna de las dos parejas tuvimos la intención de lastimarnos mutuamente. Conscientes de que los problemas en las relaciones de los líderes anuncian la muerte de las iglesias trabajamos mucho en nuestra amistad y dedicamos fines de semana completos a sortear nuestras diferencias. Sin embargo, de algún modo continuábamos haciéndonos daño. Varias épocas de separación (que resultaban más sencillas por el rápido crecimiento de la iglesia) se vieron interrumpidas por enérgicos intentos de reconciliación... que nunca parecían dar resultado.

Durante el invierno de 1998, los ancianos de la iglesia se convencieron de que el cuerpo de la congregación tenía problemas en su relación. Nos convencimos de que el pecado colectivo había entrado al campamento y de que la bendición de Dios estaba siendo estorbada porque no habíamos vencido ese pecado en nuestra relación, a través del arrepentimiento y la reconciliación. Jack y yo nos comprometimos a sanar las heridas de nuestra amistad.

Nuestros primeros encuentros solamente sirvieron para reabrir viejas heridas y para hacer que volvieran a manar sangre. Pedimos a los ancianos que se involucraran con nosotros. Los siguientes seis meses atravesamos la época más dolorosa que ninguno de los dos hubiera vivido. Primero solos y después con nuestras esposas, Jack y yo nos sometimos a un intenso proceso de reconciliación, que tomó meses.

Dios tocó nuestra relación y nos dio el gran resultado que los cuatro habíamos buscado con desesperación. El día de hoy, Jack y yo ministramos hombro con hombro en nuestra iglesia, con un renovado amor del uno por el otro. Somos una prueba viviente de que las diferencias irreconciliables pueden reconciliarse y que no debemos renunciar a ninguna relación. ¡Gracias, Jesús!

El que una sanidad comience no significa que esté concluida y Dios guió a nuestra iglesia hacia una época de Asamblea Solemne.[11] Noche tras noche trabajamos en reconciliar nuestras relaciones, primero entre los ancianos, luego entre los ancianos y el resto del equipo y luego entre los grupos distanciados en la iglesia. Suspendimos la mayor parte de nuestros ministerios en la iglesia y le pedimos a la gente que no comenzara nuevos. La valiente familia de nuestra iglesia tomó muy en serio esa época. Las parejas que estaban comprometidas aplazaron sus planes de boda. Los hombres de negocios esperaron para tomar decisiones importantes. Fue una época seria de reflexión y arrepentimiento.

Prediqué una serie de diez sermones sobre el pecado colectivo y el arrepentimiento y pedí a la gente que orara para recibir la convicción de Dios con respecto al pecado en nuestra iglesia. Le pedimos a Jesús que «nos escribiera una carta» similar a las que dirigió a las siete iglesias en Apocalipsis 2 y 3. La noche del viernes 16 de octubre nos reunimos como un pueblo y pasamos cuatro horas confesando nuestros pecados y haciendo un pacto de mantener los estándares de Dios para las relaciones entre sus hijos. Dios guarda sus promesas. Esa noche él escuchó nuestra confesión: la bendición de su presencia evidente está regresando de manera gradual a nuestros cultos y ministerios.

La Asamblea Solemne me quebró. Una parte de ese sentimiento fue: «La tristeza que lleva al arrepentimiento»[12], la cual sobrevino al cargar el peso de mi pecado colectivo y sentir su impacto en mi cuerpo. Una mañana de domingo, después del sermón, me solté llorando en el púlpito y así permanecí durante diez minutos, lamentando el veneno que se había infiltrado en las relaciones de la iglesia bajo mi cuidado. Ahora me doy cuenta de que también estaba lamentándome por la muerte de mi adicción al éxito. Había conducido a una iglesia que no amaba correctamente. El joven prometedor había fallado.

Sin embargo, una buena parte del dolor que viví durante la Asamblea Solemne no provenía de Dios. El Padre promete arrojar nuestros pecados a lo más hondo del mar y él siempre guarda esa promesa. Nuestro cuerpo comenzó a sanar pero yo seguía atascado, incapaz de apropiarme de la gracia de Dios. El acusador de los hermanos trataba de atravesarme de un lado al otro con los restos de mi antiguo sistema de creencias y casi lo logra. Dirigí la Asamblea Solemne ese viernes por la noche y mientras confesaba nuestros pecados colectivos sentía que estaba confesando mi total fracaso como pastor y líder. Ya no existían los mitos según los cuales yo había vivido. El ídolo que había formado con mis propias manos yacía decapitado a mis pies. Había sacrificado todo para que la gente me quisiera. Había hecho mi mejor esfuerzo para que Dios me sonriera y había hecho todo lo posible para que los padres me aplaudieran; pero había fracasado. Me sentía caer otra vez en la espiral del agotamiento y la depresión.

La vida no se detiene por nadie y el martes por la mañana ya estaba de regreso en mi trabajo, reuniéndome con mis colegas para decidir la mejor manera de exprimir y sacar el veneno que había invadido el cuerpo. Pero nada funcionaba.

EL GOLPE FINAL

Cuando has estado en el ministerio por algún tiempo te vuelves sensible a los momentos de la vida cuando ministras alejado de la bendición y el poder de Dios. Yo estaba es una de esas épocas. Todo lo que tocaba se convertía en cenizas. Cada decisión que hacía lastimaba una relación. Herí a varios amigos queridos y fieles compañeros de trabajo. Sin importar lo que hiciera, no podía avanzar.

Finalmente, en marzo, un amigo y colega anciano de la iglesia vino a mi oficina. «¿Puedo leerte una carta que te escribí?», preguntó. «Claro», le dije, intrigado de lo que contendría.

La carta de mi amigo fue la medicina que penetró directo hasta mi enfermedad... y me derribó. Cuestionaba mi habilidad para proveer a la iglesia de un liderazgo de organización y se preguntaba si era tiempo de que yo asumiera un papel diferente. Me sentí aplastado; sin embargo, al mismo tiempo tuve que reconocer que yo también me preguntaba lo mismo. El siguiente sábado en la noche yo estaba en la iglesia, preparando el sermón del día siguiente. No me podía concentrar: sentía al Espíritu llamándome a tratar un asunto con él. En silencio, caminé hasta el nuevo templo que ya estaba casi terminado, me arrodillé en el tapete nuevo y puse mis llaves de la iglesia en el altar.

«Jesús», oré, «realmente no tengo lo que se necesita para guiar esta iglesia. Algo tiene que cambiar. Sigo lastimando a la gente y no entré al ministerio para herir a nadie. Me mata lastimar a quienes amo. Simplemente no está funcionando y algo tiene que pasar. Si todavía me puedes usar por aquí, me encantaría pero si no, lo entiendo. Esta época de mi ministerio se acabó». Fui a la computadora y escribí una carta para los ancianos, en la que les decía que sentía que era verdad la carta de mi amigo y quería explorar otras maneras de dirigir la iglesia.

Los ancianos recibieron mi carta con generosidad y durante los siguientes meses moldearon para mí una función que convenía más a mis dones de enseñanza y escritura. Otros con más dones que yo ahora dirigen la iglesia de manera cotidiana y Jack hace un excelente trabajo como presidente del consejo de ancianos. La brisa de la renovación sopla de nuevo. El gozo está regresando a mi vida, al igual que mi pasión por el ministerio. Nuestra iglesia es quizá más sana ahora de lo que nunca fue desde sus inicios.

Recientemente almorcé con un amigo sabio y colega escritor; y le platiqué mi preocupación sobre este libro. «No estoy seguro de que haya caminado bastante como para escribir esto», le confesé entre bocados de una ensalada de pollo. «Todavía estoy siendo curado, aún estoy aprendiendo a vivir de una nueva forma».

«No tienes que resolverlo todo», sonrió. «Solo cuenta tu historia. La vida no suele ser igual de bella antes y después de la película, ¿o sí?»

Seguí su consejo. Espero que no te importe leer a un autor que no ha resuelto todo. No tengo muchas respuestas pero estoy aprendiendo cuáles son las preguntas. Esta es la Más Importante que debe hacerse quien quiera emprender una búsqueda sagrada: *¿Jesús es suficiente?*

Todo adicto debe responder esa pregunta y, por cierto, todos somos adictos. Cada uno de nosotros nació con una inclinación a hacer que su vida funcione lejos de Dios. Cada uno se busca maneras de evitar el dolor por sí mismo. Esa es la esencia del pecado original: nacer con una alma torcida que prefiere alimentar una adicción que adorar al Creador. «Estar vivo es ser adicto»[13], observa Gerald May. Entonces, convertirse es dejar las adicciones por una relación íntima con Jesucristo, que satisface el alma. La santificación es el viaje de toda la vida que busca profundizar esa relación y renunciar a los amores secundarios.

VOLVER A ARMAR EL MAPA

Una amistad con Jesús puede satisfacer los anhelos más profundos de nuestro corazón si sabemos cultivarla. Yo busqué ayuda tanto en sitios familiares como en otros desconocidos: quería reconstruir esa amistad. Soy de familia evangélica y mi viaje hacia el abrazo de Cristo me ha llevado a desempolvar algunas enseñanzas evangélicas clásicas sobre el arte de la amistad espiritual con Jesús. No puedo esperar para decirte lo que he aprendido sentado a los pies de los más sabios escritores evangélicos y maestros de la vida espiritual.

Mi jornada para superar la adicción también me ha animado a beber de la profundidad de las aguas de la renovación carismática. Debo admitir que tenía una aprehensión evangélica de bañarme en los ríos que corrían por el campo de mis hermanos carismáticos. Sin embargo, un hombre que se ahoga no es quisquilloso con quien le arroja un salvavidas. Mi hambre por conocer a Jesús con *todo* mi corazón y *toda* mi mente y *toda* mi alma me llevó hacia mis hermanos y hermanas carismáticos en busca de su sabiduría sobre cómo ser mejores amigos de Jesús. Estoy igualmente emocionado de platicarte lo que he aprendido de lo mejor y más brillante del movimiento carismático.

Una amistad con Jesús puede satisfacer los anhelos más profundos de nuestro corazón si sabemos cultivarla.

He descubierto que estas dos vías de espiritualidad se complementan perfectamente. Estas dos tradiciones espirituales revelan diferentes misterios del corazón de Dios. Es como si cada una hubiera dado una parte del remedio para hallar la sanidad y la vida plena en Cristo. Por separado, ambas vías ofrecen únicamente una salud parcial pero juntas hacen que surja un diagnóstico más claro.

El propósito de este libro es unir esas dos mitades. Mi oración por ti, hermano, es que la historia de este sanador herido se conecte con la tuya y juntos podamos conocer a Cristo de forma tan íntima que los dioses menores de nuestras adicciones nunca más vuelvan a atraer nuestro cariño lejos del Único que satisface eternamente.

¿Cómo construimos una amistad íntima con una Persona a la que no vemos? Por fortuna, Dios nos ha dado un modelo que podemos usar como guía para nuestra relación con Cristo. Ese modelo es el matrimonio.

CAPÍTULO TRES

COMO CRISTO AMÓ
A LA IGLESIA

Cuando me casé llevaba puestos calcetines blancos. Se hacía tarde y no encontraba los finos que compré para usar con el esmoquin: mis opciones eran ir sin calcetines o usar unos blancos del supermercado, que se notarían cuando me hincara para orar. Escogí los blancos.

Los calcetines eran la última cosa que pasó por mi cabeza cuando salimos de casa de los padres de Sandi en nuestro Pinto 78 beige, cuyo toldo de vinil estaba rasgado. La mañana siguiente tomamos el avión hacia Hawai y comenzaron unas de las mejores semanas de nuestras vidas. No se me ocurre un destino más romántico para una luna de miel que las islas de Hawai. Montamos bicimotos en las playas de Oahu, vimos a los surfistas en Bonzai, nadamos con esnorquel en la misma bahía donde nadó Elvis, tomamos un crucero a la luz de la luna y nos besamos mucho.

Luego regresamos a casa.

Una onda fría había atacado Los Ángeles y nuestro congelado Pinto se rehusaba a moverse. Temblando y cargados de maletas y piñas pedimos ayuda; un auto se ofreció a llevarnos. A los empleados del estacionamiento del aeropuerto de Los Ángeles no les importa si vienes de luna de miel o eres agente del FBI: todos pagan por igual. Desembolsé más de la mitad del sueldo de una semana para pagar el estacionamiento y tomamos la carretera hacia Anaheim, donde nos esperaba nuestro pequeño nido de amor. (Pronto descubrimos que nuestro departamento tenía un premio de regalo: los fuegos artificiales de Disneylandia cada noche, a las nueve. Y digo *cada* noche.)

Nuestro primer año fue difícil. Sandi tenía un trabajo demandante como ajustadora de seguros de viajero y yo fui nombrado pastor de jóvenes en una ciudad a cuarenta minutos de distancia. Había invertido mucho más tiempo pensando en la noche de bodas que en el matrimonio como tal... y era evidente.

Cuando tuvimos nuestra primera pelea de casados supe que tenía más dificultades de las que podía manejar. No recuerdo el motivo de la discusión, pero sí me acuerdo que Sandi estaba llorando. Me sentí aterrado de una mujer que lloraba y estaba desesperado por terminar lo más pronto posible con el problema así que saqué un pedazo de papel y dije: «Amor, solo escribe lo que te molesta y lo resolveremos de inmediato». Sandi no apreció mi forma amable y sensible de tratarla como una ecuación diferencial... y la noche fue de mal en peor.

Ya pasó nuestro aniversario de quince años de casados y nos acercamos a los veinte. Con la ayuda de Dios hemos construido un buen matrimonio, pero no ha sido fácil. Hemos visitado consejeros matrimoniales, pedido la ayuda de amigos, confesado nuestros pecados, llorado un poco, reído mucho, sostenido uno al otro afuera del quirófano del sexto piso en el hospital infantil, tolerado los cursos de psicoprofilaxis (aprendí a decir: «¡Traigan la anestesia epidural!»), discutido, pedido perdón, asistido a millones de competencias de natación y recitales de baile, y hecho lo mejor posible para entretejer nuestras vidas en una danza común ante el Señor.

RETRATO DEL MATRIMONIO

Un niño pequeño se despertó una noche durante una fuerte tormenta y comenzó a llorar. Su padre le dijo que orara y le pidiera a Dios que le ayudara a no tener miedo. «Pero quiero un Dios con piel», sollozó el chico. El matrimonio le «pone la piel» a nuestra relación con Jesús.

Las Escrituras describen como un matrimonio la relación del creyente con Cristo. En el Antiguo Testamento, con frecuencia Dios asume el papel del Novio y se relaciona con Israel como su novia amada.[1] El Nuevo Testamento también nos anima a usar el lenguaje de la novia y el Novio para describir nuestra relación íntima con Cristo. El gran himno de alabanza de Apocalipsis 19:7 declara: «¡Alegrémonos y regocijémonos y démosle gloria! Ya ha llegado el día de las bodas del Cordero. Su novia se ha preparado».

Pablo centra su doctrina sobre el matrimonio en el mismo símbolo:

Esposas, sométanse a sus propios esposos como al Señor. Porque el esposo es cabeza de su esposa, así como Cristo es cabeza y salvador de la iglesia, la cual es su cuerpo. Así como la iglesia se somete a Cristo, también las esposas deben someterse a sus esposos en todo. Esposos, amen a sus esposas, así como Cristo amó a la iglesia y se entregó por ella para hacerla santa. Él la purificó, lavándola con agua mediante la palabra, para presentársela a sí mismo como una iglesia radiante, sin mancha ni arruga ni ninguna otra imperfección, sino santa e intachable. Asimismo el esposo debe amar a su esposa como a su propio cuerpo. El que ama a su esposa se ama a sí mismo, pues nadie ha odiado jamás a su propio cuerpo; al contrario, lo alimenta y lo cuida, así como Cristo hace con la iglesia, porque somos miembros de su cuerpo. «Por eso dejará el hombre a su padre y a su madre, y se unirá a su esposa, y los dos llegarán a ser un solo cuerpo». Esto es un misterio profundo; yo me refiero a Cristo y a la iglesia. En todo caso, cada uno de ustedes ame también a su esposa como a sí mismo, y que la esposa respete a su esposo.[2]

Muchas de las parejas que caso me piden que presente el Evangelio como parte de la ceremonia de boda. Al principio, introducía el mensaje del Evangelio al final de la homilía. Luego un amigo me señaló que el simbolismo de la novia y el novio preparándose para casarse ¡es el Evangelio! Ahora hago una pausa al inicio del servicio y digo: «La Biblia compara el amor de Cristo por nosotros al de un novio por su novia. Así como Mark persiguió a Terry y le pidió que se uniera a él en un pacto de matrimonio por el resto de sus vidas, de igual forma Cristo los persigue a cada uno de ustedes y los invita a unirse a él por toda la eternidad. Terry tuvo que responder a la invitación de Mark para comenzar juntos un pacto de relación. De la misma manera debemos responder a la invitación de Cristo dejando nuestros pecados y sometiéndonos a él como nuestro Señor y Salvador».

Este es el misterio: la unión del esposo y la esposa en una sola carne es un retrato de nuestra unión con Jesucristo.

¿CÓMO PUEDE UN HOMBRE SER UNA ESPOSA?

La primera vez que empecé a pensar en esta metáfora bíblica me sentí reacio. Quiero ser muchas cosas en mi vida... pero ser una esposa no es una de ellas. ¿Cómo puede un hombre relacionarse con esta metáfora de la Biblia?

Elisabeth Elliot nos ayuda a responder esta pregunta al recordarnos que «la esencia de la masculinidad es comenzar y la esencia de la feminidad es responder».

Dios nos ama primero. Él comienza la salvación enviando a su Hijo a morir por nosotros. Recibimos el don de la salvación y respondemos al don de gracia de la vida eterna. C.S. Lewis afirma: «Lo que está más allá de todas las cosas es tan masculino que todos somos femeninos en relación con ello».[3]

> Dios nos pide reconocer que en nuestra relación, él comienza y nosotros respondemos.

Hombres, la metáfora de la novia y el novio no pretende castrarnos. Dios no nos pide convertirnos en mujeres. Nos pide reconocer que en nuestra relación, él comienza y nosotros respondemos.

La metáfora del matrimonio será una guía útil en los capítulos siguientes pero detengámonos en ella un poco más antes de seguir adelante. ¿Qué trata de decirnos Dios?

LA TEOLOGÍA YODA

Mi familia adora *La guerra de las galaxias*. Recientemente nos convertimos en los orgullosos dueños de auténticas espadas que se iluminan con baterías, iguales a las del duelo entre Luke y Darth Vader al final de *El imperio contraataca*. A veces, después de cenar despejamos la sala y combatimos a muerte, o al menos hasta la hora del baño. Me gusta platicar con los chicos sobre los temas espirituales de las películas. Hemos hablado de lo que significa resistir al mal, cómo no ceder a la tentación y si los Wookies se irán o no al cielo.

La guerra de las galaxias no es únicamente una historia de ciencia ficción de ritmo acelerado. George Lucas escribió un mito profundamente espiritual que traduce en frases memorables principios de la religión oriental que con frecuencia los occidentales no entendemos. El sabio espiritual de La guerra es un hombrecito verde de piel desagradable y grandes orejas, llamado Yoda. La teología que subyace se teje a lo largo de la cinta, pero se explica a detalle en una discusión entre Yoda y su protegido, Luke, a quien está preparando para ser un caballero Jedi. Luke no logra que su nave se levante del pantano. Yoda explica que lo que pasa es que Luke no entiende la fuerza. «La fuerza es mi aliada y es una aliada poderosa», comienza Yoda. «La vida la crea, la hace crecer. Su energía nos rodea y nos une». Luego dice: «Debes sentir la fuerza. Aquí. Entre tú, yo, el árbol, la piedra, en todas partes. Sí, incluso entre la tierra y la nave».

De películas como *La guerra de las galaxias* podemos aprender buenas lecciones sobre el valor, el honor y el coraje. Sin embargo, lo que no podemos aprender de esa cinta es cómo es el Dios de la Biblia. Porque el Dios de la Biblia no es una fuerza, sino una persona.

Nuestra relación con Jesús es significativamente diferente de la relación de Luke Skywalker con la fuerza. Un matrimonio implica una relación mutua y amorosa entre dos personas vivas. Debemos empezar nuestra búsqueda sagrada de Cristo entendiendo que vamos en pos de una persona, no de una fuerza. Jesús fue y aún es una persona como tú. Tiene sentimientos, hace planes, desea relacionarse. Puede sentirse decepcionado, herido y triste. La relación que buscamos es una relación personal. Jesús mismo lo expresó. Dijo a sus discípulos: «Ya no los llamo siervos ... los he llamado amigos».[4]

«El cristianismo», señala Leslie Weatherhead en su libro *La amistad que transforma*[5], «es la aceptación del regalo de la amistad de Jesús».

MÁS ALLÁ DE LA AMISTAD

El matrimonio es la más rica de las amistades entre seres humanos, porque los esposos se unen en alma, vida y cuerpo. Un matrimonio disfruta una intimidad que ninguna persona puede compartir con otra. Nuestros corazones desean ardientemente esta unión:

> Es poco común lograr la intimidad profunda de cuerpo y alma con otra persona. Todos la deseamos. Anhelamos a alguien que nos conozca y desee conocernos más. Deseamos que alguien nos conozca más allá de las apariencias, hasta la profundidad de lo que ni siquiera nosotros entendemos. Queremos una persona con la que podamos estar «desnudos», alguien que no nos juzgue y encuentre en nuestra compañía un deleite sin reserva.[6]

De manera significativa, esta poderosa descripción de la unión marital es también una excelente descripción de lo que deseamos probar en Cristo. Nuestra relación con él va más allá de la amistad y llega a ser una unión real, espiritual. «El matrimonio es el vínculo más cercano posible entre dos seres humanos», escribe Mike Mason. «Originalmente fue diseñado para ser una unión que termina con las demás uniones, la primera y la última palabra en cuanto a intimidad humana ... No hay otra manera de estar más cerca de otro ser humano».[7] Lo mismo sucede con Cristo. Somos más que conocidos efímeros o buenos amigos. Estamos *casados* con él, espiritualmente unidos de una forma que trasciende cualquier otra relación.

Recientemente pasé una tarde ayudando a un amigo que se mudaba de casa. La casa nueva había sido puesta en venta porque la pareja que vivía ahí se divorció. Cuando llegamos para desempacar, el garaje estaba todavía lleno de cosas de la familia que se había desintegrado. Papeles escritos con plumón permanente indicaban qué cajas pertenecían a la esposa y cuáles al esposo. «Limpiador para el auto de Mark» decía una de ellas. Una palita para jugar en la arena se oxidaba en el patio trasero. Ninguna nota indicaba en cuál de los destinos debía terminar. Empezó a llover. Me sentí muy triste, como si estuviera presenciando un funeral, pero quien estaba en el ataúd era una familia.

Algo glorioso se rompe cuando un matrimonio se acaba. La unión que debía durar hasta la muerte se rompe sin misericordia. El tremendo poder destructivo del divorcio ilustra el poder singular de la unión matrimonial. Debemos pensar en ese tipo de unión cuando consideramos qué significa tener una relación con Cristo.

«El que se une al Señor», escribió Pablo, «se hace uno con él en espíritu».[8]

Ninguna otra religión hace una afirmación tan sorprendente. Los budistas no pretenden *conocer* a Buda ni los musulmanes esperan *conocer* a Mahoma.

«Los miembros de otros credos recuerdan al fundador que reverencian», señala John Stott. «En cambio, para nosotros Jesús es más que un maestro del pasado remoto. Él es nuestro Señor y Salvador, a quien conocemos en la cercanía de una relación vital y amorosa».[9]

Pero, ¿qué significa realmente esto?

Nuestra comprensión de la unión con Cristo depende mucho de nuestra visión del mundo. Los creyentes occidentales tendemos a concebir el mundo espiritual en un plano diferente del mundo material. Vemos a Dios «allá arriba» y a nosotros mismos «acá abajo». El mundo espiritual y el mundo físico están separados en nuestra mente. No esperamos que interactúen mucho. Cuando Dios «irrumpe» en nuestra vida diaria, lo llamamos un «milagro». Los milagros son, por definición, eventos fuera de la cotidianeidad. La vida normal está «aquí abajo».

Cada uno de nosotros interpreta las Escrituras a través de los lentes de su visión del mundo. ¿Qué pasa cuando leo algo sobre mi unión con Cristo usando los lentes de la visión occidental? Interpreto de manera simbólica las enseñanzas de Pablo. Así, mi unión con Cristo no es una unión real. Después de todo, él está «allá arriba». No puedo esperar compartir con él de una manera personal y tangible. Fácilmente puede convertirse en: «Una figura vaga y distante, un terrateniente ausente que solía hacer cosas maravillosas y que tal vez las vuelva a hacer algún día».[10] De esta manera, la unión con Cristo es como la lealtad que tiene un soldado por un general a quien nunca ha conocido.

Sin embargo, las culturas no occidentales ven las cosas de manera muy diferente. Para ellas, el mundo espiritual y el mundo físico se traslapan. El reino de los cielos se entremezcla con el reino de la tierra. Dios, o los dioses, no están «allá arriba» sino «aquí abajo».

Muchos han hecho notar que mientras ninguna visión del mundo es perfecta, la concepción sobrenatural que tienen las culturas del tercer mundo es mucho más bíblica que la que profesamos los occidentales. En sus enseñanzas, Jesús sostuvo y explicó con gran detalle una visión «combinada» del mundo, en la que el mundo espiritual se mezclaba completamente con el físico. «El reino de Dios ha llegado a ustedes»[11], declaró después de expulsar un demonio. «El reino de Dios ya está cerca de ustedes»[12], dijo a los discípulos que debían anunciar en su primer viaje de evangelización.

Vista a través de estos lentes, nuestra unión con Cristo es mucho más que un mero

Ninguna otra religión hace una afirmación tan sorprendente. Los budistas no pretenden *conocer* a Buda ni los musulmanes esperan *conocer* a Mahoma.

simbolismo: es una relación entre dos personas reales, hecha posible conforme el Espíritu de Cristo literalmente nos llena. Ocurre una verdadera interacción. El espíritu divino y el humano se mezclan en mi cuerpo físico y soy poseído por el espíritu de Dios. Puedo decir como Pablo: «Ya no vivo yo sino que Cristo vive en mí».[13]

Antes de casarnos, Sandi y yo fuimos novios a larga distancia durante dos años. Ella estaba acabando la escuela en Los Ángeles mientras yo terminaba mis estudios en Chicago. Básicamente mantuvimos viva nuestra relación por carta. Me gustaba mucho recibir las cartas de Sandi y con frecuencia las leía y releía en mi habitación. Sin embargo, cómo deseba que llegara el día en que estuviéramos casados y pudiéramos compartir ¡algo más que pluma y tinta! Nuestro amor mutuo era real y crecía en la medida en que nos comunicábamos a través del espacio y el tiempo, pero era incompleto.

Para muchos occidentales, la relación con Cristo es como mi romance a larga distancia, alimentado por carta. Nuestro amor por Cristo es real, pero leer sus cartas es lo máximo a lo que podemos aspirar en cuanto a conocerlo realmente. Todo cambia cuando nos ponemos los lentes de la visión sobrenatural y bíblica del mundo. Nos damos cuenta de que Cristo está en medio de nosotros. Realmente podemos estar casados con él y compartir la vida. Se acaban los días del noviazgo a larga distancia.

RESPONDER LAS PREGUNTAS DE LA INTIMIDAD

En la noche del día de mi boda, mi papá me llevaba de regreso a casa de Sandi para que recogiéramos ropa antes de irnos de luna de miel. «Bueno, ya pasó lo más difícil», dije, refiriéndome a lo que parecieron ser los interminables detalles de la boda, que ya no tendríamos que planear.

«La parte difícil apenas empieza», respondió mi papá. Tenía razón.

Los matrimonios fuertes se crean, no suceden por decreto. Sobrevivir una ceremonia de boda no es garantía de una relación marital duradera, satisfactoria e íntima. Lo que uno hace después de la ceremonia determina el futuro de la relación. Las parejas que han construido matrimonios íntimos y apasionados han respondido bien estas cuatro preguntas cruciales sobre una relación. Estas son también las preguntas que debemos contestar conforme profundizamos en nuestra relación con Cristo.

¿Cómo escucho la voz de Jesús?

Poco tiempo después de regresar de nuestra luna de miel en Hawai me di cuenta que Sandi y yo no nos comunicábamos bien. Parecía que hablábamos idiomas distintos. Ella trataba de abrirme su corazón pero yo estaba en un canal totalmente diferente.

Los matrimonios no pueden avanzar hacia la intimidad si los miembros de la pareja no saben escuchar lo que el otro realmente quiere decir. Lo mismo

COMO CRISTO AMÓ A LA IGLESIA

sucede en nuestra relación con Jesús. Debemos aprender a oír su voz y discernir lo que en verdad está en su corazón.

Los evangélicos dicen que Jesús nos habla a través de su Palabra. Los carismáticos coinciden y nos recuerdan que también podemos oír la voz de Jesús a través de los dones proféticos. ¿Cómo escucho yo la voz de Jesús? En los capítulos 4 y 5 veremos más sobre cómo estas dos tradiciones abordan el tema.

¿Cómo comparto mi corazón con Jesús?

Esta pregunta es tan importante como la primera. Los esposos no solo deben aprender cómo escuchar, sino también cómo hablar de manera que puedan ser entendidos. Cuando me casé con Sandi, yo había terminado una licenciatura en periodismo. Había pasado cuatro años aprendiendo a comunicarme y para lograrlo había gastado gran parte del dinero que mis padres ganaban con esfuerzo. De algún modo ese conocimiento me fallaba cuando realmente trataba de compartir mi corazón con Sandi. Descubrí que lograrlo era más difícil que escribir en un periódico. Abrir mi corazón requería una forma de comunicación muy distinta a solo comunicar hechos.

Conforme deseamos conocer a Jesús necesitamos tratar de resolver este asunto. ¿Cómo compartimos nuestro corazón con él? ¿Cómo nos comunicamos con él de forma que nos satisfaga a ambos? La espiritualidad evangélica dice que le abrimos nuestro corazón a Jesús por medio de la oración. La espiritualidad carismática afirma que orar en un lenguaje espiritual también nos ayuda a expresar las necesidades más hondas de nuestro corazón. Analizaremos ambas respuestas en los capítulos 6 y 7.

¿Cómo manejo la decepción de Jesús?

La decepción es inevitable en el matrimonio. Pecamos. Fracasamos. Nos fallamos. Una de las preguntas decisivas que determinan el futuro de un matrimonio es: ¿Qué voy a hacer cuando mi pareja me decepcione?

Por raro que suene, la decepción también es un factor en nuestra relación con Cristo. Él no peca, ni fracasa ni nos falla. Sin embargo, podemos sentirnos decepcionados de él cuando las sombras de este mundo caído ensombrecen nuestra vida. El autor Philip Yancey escribió un libro completo titulado *Dissapointment with God* [Decepción de Dios][14]. Tristemente, la dedicatoria dice: «Para mi hermano, que todavía está decepcionado». En las primeras páginas Yancey dice que entrevistó a muchas personas decepcionadas de Dios. «Encontré que para muchos existe un gran abismo entre lo que esperan de su fe cristiana y lo que realmente experimentan», escribe. ¿Qué hacemos cuando nos sentimos decepcionados de Dios?

¿Cómo debe un creyente enfrentar el sufrimiento que no puede ser evitado en esta tierra? ¿Cómo puede el dolor acercarnos a Cristo en vez de alejarnos de él? Los evangélicos enfatizan que algunos de nuestros encuentros más enriquecedores con Dios pueden ocurrir en medio del sufrimiento. Los carismáticos subrayan que Dios todavía sana hoy y que responde al clamor de su pueblo para liberarlo del dolor. Esos tiempos de auxilio, sanidad y liberación pueden ser momentos de mucha intimidad con un Dios compasivo. Los capítulos 8 y 9 muestran cómo tanto el sufrimiento como la sanidad nos pueden guiar a una intimidad más profunda con Cristo.

¿Cómo puedo permanecer fiel a Cristo?

Las promesas matrimoniales no son fáciles de guardar. Todo el poder del infierno conspira para hacernos quebrarlas.

«Él me fue infiel».

¿Cuántas veces hemos agonizado al escuchar esas palabras dolorosas? La fidelidad espiritual es igualmente difícil. ¿Cómo podemos permanecer fieles a nuestro Amado? ¿Cómo evitar el adulterio espiritual que tan frecuentemente caracterizó a Israel? ¿Cómo escapar de las trampas espirituales que constantemente amenazan nuestra pasión por Cristo, para que podamos decir con Pablo al final de nuestra vida: «He peleado la buena batalla, he terminado la carrera, me he mantenido en la fe»?[15]

¿Cómo podemos evitar el adulterio espiritual que tan frecuentemente caracterizó a Israel?

Los autores y maestros evangélicos nos llaman a una vida de disciplina. Los buenos matrimonios requieren trabajar arduamente y tomar decisiones sabias, resistir la carne y obedecer lo que sabemos que es correcto. Lo mismo aplica si hemos de vivir un romance de toda la vida con Cristo. Los autores y maestros carismáticos estarían de acuerdo, aunque con mayor frecuencia su literatura anima a los lectores con la esperanza de vivir «grandes momentos» con el Salvador, esas irrupciones en las que Dios penetra en nuestras vidas y damos un gran salto hacia adelante en nuestro progreso espiritual. Como lo haría un fin de semana fantástico con tu pareja, esas intervenciones divinas son críticas para mantener «una obediencia duradera en la misma dirección».[16]

Los capítulos 10 y 11 se dedican a ayudarnos a terminar bien nuestra búsqueda sagrada.

CAPÍTULO CUATRO

ESCUCHA LA VOZ
DE UN PADRE QUE DANZA

«No me escuchaste», los ojos de Sandi me dejaron de mirar y nuestra conversación terminó. Había escuchado sus palabras, pero no su corazón y esto la lastimó.

La primera tarea en la construcción de un matrimonio íntimo es aprender a escucharse el uno al otro. La intimidad es una cercanía en la relación, la cual requiere de entendimiento mutuo; realmente saber de corazón lo que está diciendo la persona que amas.

He sido entrenado para escuchar muy bien. Yo sé cómo mantener el contacto de la mirada y he sido entrenado en la técnica terapéutica llamada «escuchar activamente». Soy bastante sensible a mi lenguaje corporal cuando Sandi habla, trato de mantener mi postura tan abierta y receptiva como sea posible hacia ella.

Lamentablemente, y con mucha frecuencia, pierdo de vista aquellas palabras importantes que ella dice. Oigo, pero no escucho. Y se pierde una gran oportunidad para la intimidad.

Algunas veces escucho. Estas veces en que verdaderamente escucho son los momentos más íntimos de nuestro matrimonio. Cuando el corazón de Sandi se conecta con mi corazón y Dios me da la gracia para sacar suavemente las aguas profundas que corren en su mundo interno, se forma un vínculo entre nosotros que es intenso y apasionado. Nada es más íntimo, más romántico, más afirmante que escuchar bien y verdaderamente escuchar las palabras de su corazón.

EL CORAZÓN DE LO EVANGÉLICO

El corazón de lo evangélico es la convicción de que el mismo Cristo se revela a su pueblo, a través de su Palabra. El tesoro más grande que recibí de los padres y madres de mi herencia evangélica cuando ellos «me educaron» en las verdades de la fe, es un amor por la Palabra de Dios. Recuerdo que Mike McClymond, un estudiante del último año quien tenía cosas mejores que hacer, pasó por mi fraternidad durante la semana de exámenes, para asegurarse que yo iba a estudiar Filipenses con él durante el siguiente trimestre. Recuerdo al miembro del equipo de la Cruzada Estudiantil, Rich Blue, enseñándome cómo utilizar un comentario. Recuerdo que Sandi y yo acordamos durante el penúltimo año de la universidad leer la Biblia todos los días el siguiente año. Recuerdo estar sentado en una capilla con otros quinientos pastores mirando con admiración cómo John MacArthur manejaba la palabra. Recuerdo sentimientos de misterio y reverencia la primera vez que leí un versículo de mi Nuevo Testamento en griego. Recuerdo la reputación legendaria del profesor Fineberg quien veneraba la Biblia tanto que no pondría otro libro encima de ella. Recuerdo cuando el Dr. Christian, nuestro profesor de historia, compartió con nosotros el peor error que había cometido: «Predicar sin estar preparado».

Y doy mi vida por dejar esta herencia a la siguiente generación.

JESÚS HABLA

Hablar, comunicarse, revelarse, comprometerse, expresarse, y crear con sus palabras es la esencia de lo que es Jesús. Jesús dijo: «No solo de pan vive el hombre, sino de toda palabra que sale de la boca de Dios».[1] Tenemos aquellas palabras registradas para nosotros en las Escrituras. Nos traen vida, vida con Cristo. «Mis ovejas oyen mi voz», declaró Jesús. «Yo las conozco y ellas me siguen».[2]

Las palabras son los puentes sobre los cuales dos personas llevan a cabo una travesía en una relación. Tú estás leyendo mis palabras. Mi oración es que al leerlas participes de mi corazón; que nosotros, como lector y escritor, formemos una relación.

Sin palabras, las relaciones son casi imposibles. Una amiga mía trabaja con niños autistas. Ellos están inmersos en un mundo sin habla, encerrados en una prisión de silencio, incapaces de relacionarse con nadie, sino con ellos mismos. La sanidad viene para estos niños, mi amiga me dice, cuando aprenden a hablar. El habla los conecta con la comunidad. La sanidad ocurre mientras ellos aprenden como formar y compartir sus propias palabras y escuchar las palabras de los demás. Las palabras reconstruyen el puente que se destruyó por su trastorno.

Imagina por un momento, cualquier escena en donde dos personas se encuentren en una relación: un abuelo poniendo el cebo en el anzuelo de su nieto, dos niños de preescolar construyendo una fortaleza en un cajón de arena, personas jubiladas conversando alegremente durante la cena en el asilo, una pareja de novios tomándose de las manos debajo de un puente cubierto de musgo, un hijo universitario que llama a su madre en el Día de las Madres. Las palabras son la extensión de cada una de estas relaciones.

Las palabras son igualmente importantes en nuestra relación con Jesucristo. Jesús es la Palabra. «Su nombre», nos dice Juan, «es el Verbo de Dios».[3] Él es la expresión del corazón de Dios. Él es el puente sobre el cual realizamos una travesía en la relación con Dios. Él es la extensión de nuestra relación con lo Divino.

Sin palabras, las relaciones son casi imposibles.

UN PADRE JUBILOSO

La Palabra es la voz del Padre a sus hijos. Mis hijas aman escuchar mi voz. Ellas adoran poner sus manos en mis labios y sentir mi aliento pasar a través de sus dedos cuando digo su nombre o les canto una canción para dormir o cuando les digo cuánto las amo. Cuando le doy un mal uso a la voz de padre y les hablo duramente, sus caras cambian a un gesto de dolor, y lágrimas cubren sus ojos. La voz de un padre es una fuerza determinante y poderosa en la vida de una niña. «Todo lo que siempre quise escuchar que dijera mi padre», una amiga me dijo una vez en un momento de introspección dolorosa, «era que me amaba». La sanidad viene hacia la hija del Rey cuando ella empieza a escuchar la voz de su Padre hablándole a ella en la Palabra. Cuando su voz empieza a hablar en su vida más poderosamente que otras voces, ella empieza a descubrir quién es en realidad y empieza a enamorarse profundamente del Padre que se deleita en ella.

Una vez Sandi y yo dirigimos un seminario sobre danza sagrada para un grupo de mujeres en nuestra iglesia. Les pedí que leyeran Sofonías 3:17 en voz alta:

> Se deleitará en ti con gozo,
> te renovará con su amor,
> Se alegrará por ti con cantos.

Les compartí la palabra hebrea para «alegrará» que significa «danzar». «Toma un momento ahora e imagínate al Padre danzando sobre ti», dije. La voz de afirmación del Padre empezó a hablar a través de su Palabra.

Habló tan íntimamente a las heridas de un gran número de mujeres que tuvimos que retrasar el resto de las actividades del congreso y orar por cada una. Mujer tras mujer compartió que estas eran las palabras que siempre habían anhelado escuchar de sus padres, pero nunca las habían escuchado. La voz del Padre las estaba sanando.

«IRON JOHN»

Los hijos como las hijas también necesitan escuchar la voz del Padre; los muchachos jóvenes no se convierten en hombres maduros a menos que la escuchen. Una de las tareas de desarrollo que cada niño confronta es ser «llamado» por la voz de su Padre. Debe dejar el mundo de su madre y ser aceptado en el mundo de los hombres. Su padre terrenal, y después su Padre Celestial, juegan un papel importante en esta transición.

El libro del poeta Robert Bly, *Iron John,* arrasó con el país unos cuantos años atrás, ayudando a iniciar un movimiento nacional de hombres, así como un gran número de chistes acerca de la esclavitud del hombre. Aun así había algo de verdad en lo que escribió.

El libro está basado en el cuento de hadas de Grimm «Iron John», en el cual un hombre melenudo y salvaje se esconde en el fondo del lago en el bosque y sale para atrapar a los hombres que caminan cerca de ahí. El hombre salvaje, quien se llama el Iron John, es capturado por los hombres del rey, y forzado a vivir en el centro del pueblo en una jaula. Un día, el hijo del rey sin querer deja que su pelota dorada ruede hacia la jaula del hombre salvaje.

El niño corrió a la jaula y dijo: «Dame mi pelota dorada». «No hasta que abras la puerta de esta jaula», respondió el hombre. Al siguiente día el niño regresó y preguntó por su pelota otra vez. El hombre salvaje dijo: «Si abres la puerta», pero el niño no lo haría. Al tercer día cuando el rey estaba cazando, el niño vino una vez más y dijo: «Aún si quisiera, no podría abrir el cerrojo, porque no tengo la llave». El hombre salvaje dijo: «La llave está bajo la almohada de tu mamá; tú la puedes recuperar».[4]

Y cuando los mentores y los padres nos fallen, la voz de Dios no variará.

El niño roba la llave de debajo de la almohada de su mamá y vive con el hombre salvaje en el bosque hasta que crece. El niño, ahora un hombre, rescata un reino cercano y se casa con la hija del rey. Se ha convertido en un hombre.

Esta historia, de acuerdo con Bly, describe el trayecto que cada niño debe hacer para internarse en el mundo de los hombres. El hombre salvaje representa la voz del Padre, la verdadera masculinidad, que lleva al niño lejos de su madre y lo interna en el mundo de los hombres. El niño en el cuento de hadas «roba la llave de debajo la almohada de su mamá» y se dirige con Iron John hacia el mundo de los hombres. Ahora es capaz de conquistar reinos y unirse de una forma apropiada en matrimonio con una mujer.

La visión de Bly acerca de la hombría y del proceso por el que los niños deben pasar para convertirse en hombres, resuena en la mayoría de los hombres que conozco. Entramos al mundo buscando la voz que nos llamará hacia el mundo de los hombres. Esperamos en nuestros padres buscando esta afirmación, pero aun en esto, estamos buscando más allá de ellos una voz más profunda, la voz del Padre Celestial.

Jesús, en el momento en que empezó su ministerio público, escuchó la voz del Padre. «Este es mi Hijo amado», dijo la voz. «Estoy muy complacido con él».[5] Esta es la voz que cada niño y niña anhela escuchar.

¿Qué estamos buscando que diga la voz? Palabras de afirmación. Palabras de guía. Palabras de esperanza. Podemos escuchar estas palabras de nuestros padres y de nuestros mentores; y esto es algo bueno. Pero nada puede sustituir escuchar la voz de Dios resonando como trueno en la Palabra: «Este es mi hijo amado. Esta es mi hija amada. Estoy muy complacido con ellos». Y cuando los mentores y los padres nos fallen, la voz de Dios no variará.

La voz de los profetas hacia el Israel antiguo fueron: «Acérquense y escuchen lo que el Señor tiene que decirles».[6] ¿Cómo escuchamos la Palabra del Señor en las Escrituras?

JESÚS REVELADO EN LAS ESCRITURAS

Cuando abrimos nuestra Biblia, no estamos simplemente leyendo un gran libro. Debemos prepararnos para encontrarnos con el Cristo vivo. Las Escrituras nos revelan a la persona de Jesucristo. Poco tiempo después de su resurrección, Jesús se unió a dos de sus desanimados discípulos en el camino de Emaús y les enseñó las Escrituras. «Entonces, comenzando por Moisés y por todos los profetas, les explicó lo que se refería a él en todas las Escrituras».[7] Las Escrituras nos revelan a Jesús. El padre de la iglesia, Orígenes, decía que en la Encarnación, el Hijo de Dios, se volvió hombre; en las Escrituras, se hizo libro. Orígenes, quizá haya ido muy lejos con su ilustración, pero su punto es absolutamente correcto: las Escrituras son mucho más que un simple libro. Las palabras de las Escrituras expresan a un Cristo vivo.

Martín Lutero está de acuerdo con Orígenes, cuando escribe: «Las Sagradas Escrituras son la vestidura que se ha puesto nuestro Señor Jesucristo y en la que permite ser encontrado».

Debemos esperar una palabra fresca y dinámica de Jesús. Debemos orar por una revelación de Cristo que explote en nuestros mundos y nos mueva hacia un amplio despertar.

EL MILAGRO DE LA PREDICACIÓN

Nos enfrentamos a este mundo cuando la Palabra se predica. Poco tiempo después de mi conversión, empecé a asistir a una iglesia dirigida por Jim Custer, un expositor muy talentoso. Nunca había escuchado a alguien exponer la Palabra como lo hacía el pastor Jim. Algunos domingos, cuando adolescente, a los quince años, me sentaba en el servicio dos veces solamente para escuchar el sermón de muevo. Las palabras en la página empezaban a bailar cuando el pastor Jim predicaba. Más de una vez, estuve seguro de que él le había hablado a mi madre y había averiguado con qué había yo luchado esa semana, debido a que sus sermones siempre tocaban una fibra dentro de mí. Caminaba de la iglesia a mi casa en un silencio reverente. Jesús había hablado. Y yo había escuchado su voz. Este es el milagro de la predicación.

Prediqué mi sermón de graduación en el seminario basado en 1 Timoteo 4:6: «Si enseñas estas cosas a los hermanos [sana doctrina], serás un buen servidor de Cristo Jesús, nutrido con las verdades de la fe y de la buena enseñanza que paso a paso has seguido». La presencia de Dios estuvo en la capilla del seminario ese día, y yo experimenté por primera vez lo que los puritanos llamaban «unción» en la predicación: Una conciencia única de la presencia y del poder de Dios en la predicación de la Palabra.

Desde esa primera experiencia, no hay nada que yo disfrute más que el predicar la Palabra de Dios. De alguna forma, Dios habla, verdaderamente habla, a miles de personas cada domingo a través de mí mientras predico la Palabra de Dios. Hice un voto en el seminario de que nunca me pararía en el púlpito a menos de que estuviera seguro de que había escuchado una palabra fresca del Señor. Me ha costado mucho mantener esta promesa, y muchas noches de sábado me he encontrado desesperadamente yendo y viniendo en el centro de adoración pidiéndole a Dios un soplo de vida en las palabras muertas de mi sermón manuscrito. Estoy seguro que he tenido mi porción de sábados vacíos, aún así, sigo continuamente sorprendido, semana tras semana, por el poder de la predicación de la Palabra de Dios. La Palabra predicada sana, salva, redarguye, consuela y guía. La historia de Dios predicada fielmente empieza a tomar forma en nuestras propias historias.

La Palabra predicada se convierte en la voz del Padre, llamándonos a ser los hombres y mujeres completos, que él quiere ver.

CÓMO LEER LA VOZ DE DIOS

Las buenas relaciones requieren conversación, y la conversación requiere escuchar las palabras de otra persona. La forma en que empezamos una conversación con Dios, es por medio de la lectura de sus palabras. Cuando leemos las Escrituras estamos empezando un diálogo con Dios. La naturaleza de conversación de la lectura de la Biblia es muy importante que la tengamos en mente, porque nuestra tendencia es acercarnos a la Biblia buscando datos en lugar de una relación. Estamos entrenados para leer literatura «con un sentido crítico», establecernos objetivamente fuera del texto y estudiarlo hasta que hemos dominado el material. El objetivo de leer la Biblia es ser dominado por Aquel que es la Palabra.

El Espíritu Santo inspiró a los autores de las Escrituras cuando escribieron los libros de la Biblia. Hoy en día, necesitamos invitar al Espíritu para darnos un soplo en las Escrituras de una forma fresca de manera que tome vida en *nosotros*. Un buena oración pidiendo la iluminación del Espíritu se encuentra en Efesios 1:17: «Pido que el Dios de nuestro Señor Jesucristo, el Padre glorioso, les dé el Espíritu de sabiduría y de revelación, para que lo conozcan mejor». Quizá al comenzar a leer quieras hacer la oración de Pablo para ti mismo.

Ahora que estás listo para leer, ¿cuánto será bueno leer? Un líder cristiano que conozco pasó sus vacaciones leyendo el libro de los Hechos una vez al día. Leer la Biblia en un año o tomar un curso de estudio del Antiguo Testamento tiene muchos beneficios. Por ejemplo, nos exponemos a los grandes temas de las Escrituras; nos familiarizamos con el punto de vista bíblico; y obtenemos una visión más completa de la maravillosa fidelidad de Dios a través de la historia. Sin embargo, escuchar-leer, tiene un objetivo diferente. Abordamos el texto buscando captar la Palabra de nuestro Señor para el día. En lugar de leer un capítulo entero de la Biblia, elige un párrafo, o una oración; léelo lentamente una y otra vez. Pídele al Señor que destaque la palabra que tiene para ti hoy. En mi mente, imagino mi pasaje en una pantalla de computadora. Le pido al Señor que resalte los versículos en los que quiere que me concentre durante el día. Quizá encuentres que el Señor quiere que te mantengas en el mismo pasaje por un cierto número de días. Dietrich Bonhoeffer exhortó a sus discípulos a pasar una semana completa en un solo versículo.

Cuando leemos las Escrituras estamos empezando un diálogo con Dios.

Una vez más: lee lentamente. Cierto maestro de la vida espiritual advierte en contra del peligro de leer muy rápido: «Si lees rápidamente, te va a beneficiar poco. Serás como una abeja que simplemente vuela rozando la superficie de la flor. En lugar de eso ... debes convertirte en la abeja que penetra en las profundidades de la flor. Te debes sumergir en ella para remover su néctar más profundo».[8]

Es muy posible conocer la Biblia de principio a fin sin alguna vez encontrarse con la Palabra viva. Los pastores saben demasiado bien que podemos dominar lo que enseña la Biblia sin ser dominados por el Maestro. Una tarde en el seminario salí de la clase de griego y vi una gran multitud de estudiantes reunidos alrededor de una camioneta blanca y vieja. Mi seminario no veía con buenos ojos las reuniones estudiantiles, así que me acerqué para mirar. La camioneta estaba llena de libros, los cuales estaban siendo apilados por un hombre desaliñado en mesas en la acera de la universidad. Se había corrido el rumor de que estaba vendiendo libros y que los estaba dejando muy baratos. Como la mayoría de los seminaristas, yo me sentía atraído a los libros baratos como las palomillas a la luz, así que me quedé un rato en la parte trasera de la multitud, mirando una colección impresionante de *El Diccionario Teológico Kittel* y preguntándome en cuánto me lo dejaría el conductor de la camioneta.

«¿Alguien sabe por qué este tipo está vendiendo los libros tan baratos? Por cierto, ¿de dónde los obtuvo?», le pregunté a un compañero de clase.

«De un pastor allá en el valle», respondió. «Perdió su fe y ya no quiere saber nada acerca del ministerio».

Renuncié a la buena oferta del diccionario de Kittel.

Estudiar la Biblia y enfrentar al Cristo vivo no significan necesariamente la misma cosa; así como ese pastor trágicamente descubrió. Podemos conocer las Escrituras y no concoer a Cristo.

Reflexionemos en las Escrituras

La reflexión toma la palabra que has leído y la baja a tu corazón. Reflexionar en un pasaje convierte el leer en escuchar. La reflexión es otra palabra para el término bíblico «meditación». La meditación se menciona más de cincuenta veces en la Biblia. Isaac salió a pasear a un campo para meditar. David habla de la meditación cuando escribe: «En mi lecho me acuerdo de ti; pienso en ti toda la noche».[10] María meditó cuando ella «guardó ... en su corazón» la palabra del Señor acerca de su hijo.[11] La reflexión convierte los principios en palabras personales de nuestro Señor para nuestra vida.

> La reflexión convierte los principios en palabras personales de nuestro Señor para nuestras vidas.

Una tarde mientras me encontraba viajando hacia otra ciudad me detuve en una tienda de arte para mirar. Una pintura en particular captó mi atención. La pintura era un paisaje de invierno en el oeste. Unos caballos musculosos color café se asomaban desde atrás de los abedules agrupados estrechamente en un bosque cubierto por la nieve. Aún así había más en la pintura de lo que yo había visto; la pintura tenía un aroma de misterio. La dependienta de la tienda vino hacia mí y me preguntó qué es lo que yo veía.

—Es una pintura de caballos entre abedules en el bosque –expresé.

—Mire otra vez –me dijo.

Lo hice y aún así no veía nada.

—¿No ve a los indios? –me preguntó.

De repente mis ojos se abrieron y pude ver una docena de indios escondidos detrás de los árboles. Fue necesaria la ayuda de la dependienta de la tienda para hacerme ver la realidad escondida en la pintura. Escuchar-leer es así. Necesitamos la ayuda del Espíritu Santo para abrir nuestros ojos a lo que Dios quiere que veamos en el pasaje que estamos leyendo.

Una definición de la palabra hebrea para meditación es «rumiar». La reflexión es simplemente rumiar una y otra vez la palabra, frase u oración bíblica, hasta que su significado sea absorbido en el sistema digestivo espiritual.

«Cualquier lectura seria de la Biblia significa involucrarse personalmente con ella, no un simple acuerdo con proposiciones abstractas», escribe Thomas Merton.[12] Este es un paso importante en el proceso de escuchar la voz del Señor en las Escrituras. Debemos esforzarnos intencionalmente por ir más allá de los hechos y permitir que la Palabra se conecte con nuestra experiencia. Por esto, muchos encuentran en escribir un diario una forma útil de iniciar el proceso reflexivo. Compartiendo nuestros sentimientos y pensamientos con el Señor al escribir, preparamos la tierra de nuestro corazón para la semilla de la Palabra viva.

RESPONDAMOS A LO QUE ESCUCHAMOS

Construir una relación cuando todas las palabras fluyen hacia una sola dirección es difícil.

El diálogo implica comunicación de ambas partes: palabras, y una respuesta a las palabras.

¿Alguna vez has conocido a alguien que habla mucho y no te da oportunidad de responder? ¿O, alguna vez has compartido un pensamiento revelador o profundo, solamente para que la otra persona se te quedara mirando fijamente? Es desconcertante. Los buenos conversadores saben cómo «completar el ciclo» cuando se expresan palabras.

De una manera similar, nosotros necesitamos «completar el ciclo», cuando Dios nos ha hablado a través de su Palabra. La Palabra de Dios siempre exige una respuesta. Cuando Dios hable, responde. Una palabra de consuelo tiene como consecuencia una respuesta de agradecimiento. Una palabra de convicción nos conduce hacia el arrepentimiento. Una palabra de la belleza de Cristo nos lleva a la alabanza. Una palabra de lo que quizá pueda ser, nos mueve a implorar acerca de lo que realmente es.

ESCUCHEMOS EL MENSAJE

Un mes después de nuestra Asamblea Solemne, el grupo de hombres que estaba bajo mi responsabilidad y yo salimos a nuestro viaje anual de pesca.

Randi, el pescador deportivo del grupo, decidió que necesitábamos dirigirnos a los Outer Banks del Sur de California y pescar atún de aleta azul en Cape Haterras. El tiempo no pudo ser mejor. La iglesia estaba empezando a sanar de la cirugía que experimentamos durante la Asamblea Solemne pero el proceso era lento. Además, estábamos teniendo una época difícil porque nos estábamos cambiando otra vez de lugar. Me sentía atorado; y listo para alejarme unos días.

El primer día en los Outer Banks, decidimos descansar y no pescar. Era un día soleado y fresco de noviembre, la clase de día que los vacacionistas de verano casi nunca tienen el placer de experimentar. Después del desayuno encontré un lugar abandonado en la playa y empecé a escribir en mi diario, compartiendo con el Señor mi confusión y frustración. Mi plan de lectura me tenía en 2 Samuel 6, donde un pobre muchacho llamado Uza, cayó muerto porque trató de sostener el arca de Dios. *Grandioso*, pensé. *Esta lectura va a alegrar realmente mi corazón.*

Entonces empecé a escuchar la voz de Jesús hablar a través de su Palabra. Leyendo para adelante y para atrás, estudiando lo que la Biblia tenía que decir acerca del arca de Dios y cómo debía ser manejada, recordé que solamente los levitas tenían permitido mover el arca, Dios había prometido castigos severos para cualquiera que tocara el arca que no fuera un miembro de la tribu de Leví, sin importar cuáles fueran sus intenciones.

Uza no era un levita. Era un buen chico haciendo un trabajo que Dios no le había encomendado. Y murió haciéndolo.

Puse mi Biblia en la arena, cerca de la silla, tomé otro sorbo de café, y miré fijamente el faro de Cape Haterras mientras que una suave brisa volteaba las páginas de mi diario. Jesús estaba hablando: «Cuando pones al hombre correcto en el lugar equivocado, lo matas».

Esa palabra me llevó a un año entero de cambios organizacional desafiante. Recordé esa palabra al sentarme en la computadora y escribir mi carta a los ancianos. Recordé esa palabra cuando luchamos por encontrar el lugar correcto para el hombre correcto. Recordé esa palabra cuando las presiones del momento estuvieron a punto de forzarnos a poner a la persona correcta en el lugar incorrecto.

Aun hoy, conforme dejo que mi mente se encamine al pasado, hacia esa hora soleada cerca del faro de Cape Haterras, mi corazón se enciende. Jesús cuido de mí. Jesús habló a mi mundo. Y yo escuché.

¿TE ESCUCHÉ?

—¿Te escuché? –le pregunté a Sandi una noche al final de una larga conversación.

— Sí –sonrió–. Pienso que sí lo has hecho.

Y nos abrazamos.

Cuando escuchamos el corazón de nuestra pareja, el resultado es la intimidad.

CAPÍTULO CINCO

SUSURROS PROFÉTICOS

La visión se concibe cuando tenemos intimidad con Jesús. Él nos embaraza con la semilla de su visión, la cual llevamos y damos a luz vida. Una razón importante por la qué estoy escribiendo este libro, es que muy pocos en el pueblo de Dios han descubierto su visión para su vida. No entendemos que así como un esposo y esposa, no pueden concebir un hijo sin tener intimidad, de igual forma nosotros no podemos darle vida a la visión de Dios en nuestros corazones si no tenemos intimidad con El.

Una vez que la visión se concibe, debe ser alimentada y alentada o morirá. La semilla que implanta la visión de Dios en las entrañas de nuestro mundo interno, es la Palabra de Dios. Cuando la historia de Dios se encuentra con nuestra historia, la visión nace. Esta es una manera en la cual cada ser humano es la novia mientras que el Hijo es el Novio. Él es el que nos penetra con la semilla de su Palabra y nos embaraza con su visión. Nosotros somos los receptores de la visión, los portadores de ella.

Sin embargo, una visión dada a luz, no es una visión cumplida.

VISIONES QUE SE DESVANECEN

Tina, una joven madre de tres hijos, se aferra a una visión acerca de lo que puede ser su familia. Su marido no comparte esta visión. Poco a poco, año tras año, la visión de Tina se desvanece lentamente: los días son muy largos; los agradecimientos son muy pocos.

Bryan, un joven universitario, sintió su corazón destrozado por la gente de Vietnam un domingo en la iglesia. Él se levanta cuando el pastor pregunta si alguien siente un llamado para servir en el extranjero. Aun así Bryan está muy endeudado. Empieza a trabajar para pagar sus deudas, pero se da cuenta de que su escaso salario apenas alcanza para pagar las cuentas. Después, Bryan contrae matrimonio. Tiene hijos. Se compra una casa. Su salario aumenta, pero también sus responsabilidades. Los veinte años de Bryan empiezan a entrar en los treinta y su visión por la gente de Vietnam desaparece lentamente. Bryan siente que una parte de él se muere cada vez que piensa acerca del llamado que no ha cumplido.

Tom no ha sabido nada de su hija mayor Cindy en cuatro años. Ella ha sido una gran decepción para el. Empezó a salir con la gente equivocada en la preparatoria, se embarazó en la universidad, dejó de estudiar, y ahora vive con su hijo y otras dos madres solteras en un casa movil en algún lugar de Nuevo México. Tom se siente atormentado por su última conversación.

«Nunca me has aceptado», gritó Cindy, aventando la ropa en una maleta. «Nada de lo que hecho ha sido lo suficientemente bueno». Desde ese entonces no ha sabido nada de ella. Hace un año, Dios empezó a hablarle a Tom acerca de reconciliarse con Cindy. Durante seis meses, cada vez que Tom abría la Biblia, escuchaba un sermón, o iba al estudio bíblico, escuchaba el mismo mensaje: Llama a tu hija y dile que la amas. Pero Tom no la llamó. La visión de reconciliación no había conquistado el dolor y el rechazo que Tom sentía en su propio corazón. El quebrantamiento que Tom sintió hace un año está lentamente convirtiéndose en parálisis. Está permitiendo que la visión de Dios se desvanezca y él lo sabe.

Tina, Bryan, y Tom, cada uno, está presenciando cómo su visión muere lentamente. La visión dada a luz, no es una visión cumplida.

RE-VISIÓN EN ÉFESO

Timoteo, el joven sembrador de iglesias que conocemos por las cartas de Pablo, estaba perdiendo su visión. Éfeso era un campo misionero difícil, cargado de actividad ocultista y Timoteo estaba pidiendo ser transferido.

> La profecía no nos enseña nada nuevo. Cada verdad que necesitamos saber se encuentra en la Palabra de Dios.

Pablo le escribió a su joven protegido para que reavivara su visión moribunda. Y le pidió a Timoteo que recordara las profecías que se dijeron acerca de él con respecto a su comisión: «Timoteo, hijo mío», suplicó Pablo. «Te doy este encargo porque tengo en cuenta las profecías que antes se hicieron acerca de ti. Deseo que apoyado en ellas pelees la buena batalla».

La profecía aviva las llamas decadentes de nuestra visión y nos alienta a pelear la buena batalla. «En cambio, el que profetiza habla a los demás para edificarlos, animarlos y consolarlos», nos recuerda Pablo.[2]

La profecía no nos enseña nada nuevo. Cada verdad que necesitamos saber se encuentra en la Palabra de Dios. Las palabras proféticas nos recuerdan lo que la Palabra ya ha dicho y nos exhortan a obedecer. La profecía nos recuerda nuestro llamado, nuestro destino, y tapa los agujeros por donde nuestra visión se está filtrando. La profecía nos enseña a ver no lo que es sino lo que podría ser. La profecía quita nuestros ojos de nuestra realidad presente y dibuja un bosquejo de la realidad futura que Dios tiene planeada.

ALIENTO DESDE UN LUGAR IMPROBABLE

Tengo una visión. Has conocido parte de ella en este libro. Yo creo que nos encontramos en uno de los puntos más críticos en la historia de la civilización occidental, mientras la época moderna da paso a la época posmodernista. Este es un tiempo de terror. También es un tiempo de una gran oportunidad para el Evangelio. La gente posmodernista está vorazmente hambrienta de Dios. Está buscando a un Dios al que puedan conocer intelectualmente y con el que puedan experimentar intimidad. Estoy convencido de que Dios está juntando dos ríos, el de la Palabra y el del poder espiritual para crear una iglesia unida que reboce de poder espiritual, y esté saturada con la verdad eterna de Dios. Mi primer libro, *The Word and Power Church* [Una iglesia de Palabra y poder], comparte esta visión en detalle. Me gustaría participarte la visión de la que escribí en *Una iglesia de Palabra y poder*.

> Piensa en las tradiciones evangélica y carismática como dos ríos espirituales y poderosos corriendo a través de nuestro siglo. Hoy en día, los dos ríos están fusionandose en un torrente poderoso de poder espiritual. Dios está combinando las fuerzas de ambas, la tradición carismática y la evangélica en las iglesias alrededor de Estados Unidos. Yo le llamo a esto iglesias de Palabra y poder ...
>
> No estamos en un tiempo de complacernos. Nuestra nación se encuentra en una coyuntura crucial y está lista para rechazar la fe cristiana para siempre. ¿Vamos a seguir haciendo las cosas como lo hacemos usualmente? ¿Vamos a ignorar lo que los cristianos tienen que ofrecer a los demás? ¿Será que Dios levantó tanto a la tradición carismática como a la evangélica en nuestro tiempo porque una iglesia saludable necesita aprender acerca de la vida espiritual y el ministerio? ¿Será que Dios levantó tanto a la tradición carismática como a la evangélica porque él sabía que el campo misionero postcristiano al que estamos llamados a conquistar está hambriento de un Dios de verdad y poder?

Esta es mi visión. Más de una vez, la visión ha estado a punto de morir. No todo el mundo está de acuerdo conmigo cuando digo que creo que ambas, la espiritualidad carismática y la evangélica, son de igual forma verdaderas. El perseguir esta visión me ha costado amistades y reputación. Dar origen a esta visión en nuestra iglesia no fue fácil, y no siempre la hemos seguido correctamente. No será fácil llevar la visión a las naciones. Pero he escuchado la voz, y no puedo retroceder.

He conocido el aspecto tierno y amoroso de mi Padre celestial a través de su don profético. Así como el joven Timoteo, frecuentemente recuerdo las palabras proféticas que se hablaron sobre mí cuando los vientos de desánimo amenazan con apagar las llamas de mi visión.

Mi visión de unidad entre estas «dos tribus» se refinó durante mis estudios de posgrado y se convirtió en el tema de mi disertación doctoral. Parte del trabajo que realicé para la disertación incluyó un periodo de dos semanas de investigación en una universidad pentecostal. Sentí que era necesario leer acerca del pentecostalismo desde su punto de vista para apreciar el movimiento plenamente. También asistí a servicios pentecostales de alabanza y entrevisté a estudiantes, pastores y profesores. Un profesor tenía reputación de ser profeta y casi todas las personas con las que hablé, me animaron a conocerlo. Él tenía un posgrado en Antiguo Testamento en Vanderbilt y una buena reputación como alumno. Cuando entré a su oficina, estaba trabajando en una traducción del libro de Job. Mis categorías se confundieron de alguna forma, no podía conjuntar un doctorado en Vanderbilt con el título de «profeta». En aquellos días me di cuenta que yo aún estaba viviendo bajo el prejuicio de que los creyentes empíricos no podrían ser creyentes pensantes. Hablamos largamente acerca de su tradición, de la forma en la cual había huido de ella y cómo volvió.

Después, al final de una hora juntos, le pregunté si tenía alguna palabra profética para mí. El pensó por un momento y después asintió con la cabeza.

«Constructor de puentes», dijo. «Serás un constructor de puentes entre los mundos evangélico y pentecostal».

Así como el joven Timoteo, he pensado frecuentemente acerca de esa palabra, especialmente cuando mi visión decae o cuando algunas circunstancias se levantan en contra de su cumplimiento.

¿QUÉ ES PROFECÍA?

¿Qué es profecía? El don de la profecía es una palabra espontánea y divina acerca de una persona, hecho o situación. Vemos este don en acción en la carta de Pablo a los Corintios:

> Pero si uno que no entiende entra cuando todos están profetizando, se sentirá reprendido y juzgado por todos, y los secretos de su corazón quedarán al descubierto. Así que se postrará delante de Dios y lo adorará exclamando: «¡Realmente Dios está entre ustedes!».[4]

Cuando la palabra es hablada, ministra a la persona y provoca que aquellos que están presentes alaben a Dios. La palabra griega para «quedarán al descubierto» significa «revelar».[5] La profecía es una revelación sobrenatural. Recibimos información del Espíritu Santo que no tendríamos manera natural de conocer. La naturaleza sobrenatural de esta comunicación, deja a todos los involucrados, sintiendo que «Dios está entre ustedes». La gente que recibe la palabra profética, es atraída más cerca de Dios, hasta el punto de quebrantarse y adorarle. ¿Por qué? Porque el Dios de los cielos irrumpió en su mundo y les habló de una forma personal.

CONFRONTEMOS LOS TEMORES

Como muchos evangélicos, al principio tenía dudas acerca de la posibilidad de que Dios me pudiera hablar de forma personal. Parecía peligroso. ¿Y si no le entiendo yo a Jesús? Gradualmente, me he dado cuenta que estos mismos miedos se aplican a cualquier relación. Sandi y yo, frecuentemente no nos conectamos cuando nos estamos comunicando, aunque es menos ahora que durante los primeros días de nuestro matrimonio. Sandi y yo pudimos haber escogido comunicarnos solamente por escrito. De esta forma, hubiéramos tenido un registro escrito de todo lo que decíamos. Existiría menor probabilidad de malinterpretarnos el uno al otro. También mataríamos nuestro matrimonio, especialmente si solo escribiéramos una carta extensa al principio y después, ¡solo nos refiriéramos a ella cuando tuviéramos alguna pregunta! Un matrimonio saludable necesita de la comunicación escrita, pero también necesita interacción diaria, espontánea e íntima. Esto mismo es verdad en cuanto a nuestra relación de comunicación con Cristo.

Todo reino se construye sobre ambas formas de comunicación. Los reinos tienen revelación objetiva: venerables palabras escritas, explicando la visión para el reino y las reglas del mismo. Estas palabras escritas también advierten acerca de los peligros de violar las leyes del reino y mencionan las recompensas por mantenerlas; consciente de que esta revelación objetiva es crucial para ser un buen ciudadano en el reino.

Los reinos también tienen revelaciones subjetivas en las cuales el rey comunica personalmente a sus súbditos acerca de situaciones actuales que la Constitución no pudo cubrir.

Esto mismo es cierto dentro del reino de Dios. La Escritura describe la visión y las leyes del reino. El Rey está aún reinando activamente sobre su reino y les habla regularmente a sus súbditos para ayudarlos a aplicar las leyes del reino en su vida diaria.

Parece razonable creer que nuestro Rey, Jesucristo, no había terminado de hablar cuando la Biblia se terminó de escribir. «Pensamos que un Dios silencioso de repente empezó a hablar en un libro y cuando el libro se terminó volvió a guardar un silencio eterno», escribió A.W. Tozer. «Con ideas así, ¿cómo podemos creer?»[6]

La promesa profética

Jesús anticipa esta amistad comunicativa, interpersonal y enriquecedora con sus seguidores en la Última Cena. Él fue muy cuidadoso en declarar en tres ocasiones diferentes que sus seguidores podían y debían esperar un diálogo continuo con él después de su resurrección.

«Pero cuando venga el Espíritu de la verdad, él los guiará a toda la verdad, porque no hablará por su propia cuenta, sino que dirá todo lo que oiga y les anunciará las cosas por venir ... tomará de lo mío y se los dará a conocer a ustedes».

La espiritualidad carismática nos recuerda que de alguna forma, el Espíritu sopla las palabras de Cristo en nosotros hoy en día, a través de la profecía. Jesús es nuestro Buen Pastor. Él sabe cuando nuestra visión está muriendo. Él sabe cuando necesitamos una palabra profética.

La visión no morirá

Cuando nuestra iglesia atravesó por un año de dolor, temí que le visión en la que habíamos trabajado tan intensamente, quizá enfermara debido a nuestros pecados y errores. ¿Cómo podía ser esto posible? Dios nos había llevado muy lejos. ¿Cómo podía yo hablar y escribir acerca de la unidad y de la renovación cuando nuestra propia iglesia estaba en una gran confusión? Dios utilizó la profecía para mantener viva la visión.

Te dije en el capítulo 2 que el «golpe final» al hilo de salud al que yo me aferré, fue la carta sincera y dolorosa de mi amigo. Generalmente, me toma tiempo procesar la crítica y realmente escuchar lo que Dios está diciendo a través de ella. Sé ahora que Dios estaba trabajando a través de la carta para aplicar el principio que aprendí en Cape Haterras: las buenas personas en los lugares incorrectos terminan muertos. Era tiempo de que Uza cambiara papeles. Hoy en día mi nuevo papel es mucho más conveniente para mis dones y me permite tener una visión más extensa con mucha más libertad. Pero yo no veía eso en ese entonces. En cambio, pensaba que mi visión había recibido otro golpe mortal.

Días después de recibir la carta, hablé en un centro de retiro en las montañas fuera de Knoxville. Después del mensaje, toda la gente excepto una pareja, desapareció rápidamente. Yo sentí que el Padre estaba trabajando en la pareja y los tres empezamos a hablar. El Padre estaba trabajando y nosotros simplemente nos unimos a él en oración mientras el Espíritu Santo revelaba algunas mentiras en el corazón de la esposa que la habían lisiado en su espíritu por muchos años. Oramos por sanidad espiritual y emocional y el Señor la ministró sutilmente.

Era cerca de media noche pero aún no habíamos terminado. Una de las mentiras que esta mujer había creído, tenía que ver con escuchar a Dios hablar. Ella había concluido que no era lo suficientemente santa o madura para escuchar su voz aunque en su vida cristiana inicial, ella había aprendido a escuchar muy claramente la voz de Dios. Mencionamos esta decepción en nuestra oración y le pedimos al Espíritu que despertara el don profético inactivo en su vida. Ella empezó a profetizar, a hablar de lo que Dios había puesto en su mente espontáneamente.

«No estoy segura de lo que esto significa», dijo. «Pero esto es lo que estoy escuchando... la visión no morirá, Doug. Pienso que Dios quiere exhortarte y hacerte saber que la visión no morirá».

«No sabes lo que acabas de hacer por mí amiga mía», dije, abrazándolos a ambos. Ella no tenía idea a lo que yo me había enfrentado en esa semana. Jesús en su tierno y compasivo corazón le había dado a ella una palabra personal para mí. Me sentí sorprendido por su corazón de pastor hacia mí; él había arreglado todo esto, solo porque él sabía que yo necesitaba aliento.

«Estás bromeando», dijo ella, enjugando sus lágrimas. «No puedo creer que Dios me haya usado de esa forma». Yo no fui el único tocado por el poder de la profecía esa noche. Ella también fue tocada en el sentido de que Dios la usó para traer una palabra que habló a lo secreto del corazón de un hermano.

LA IGLESIA COMO UNA COMUNIDAD PROFÉTICA

Los antiguos profetas anhelaban el día en que todos pudieran caminar íntimamente con Dios como ellos lo hacían. Moisés expresó una vez: «¡Cómo quisiera que todo el pueblo del SEÑOR profetizara, y que el SEÑOR pusiera su Espíritu en todos ellos!». Ellos miraban hacia el futuro y veían un día en el que el Espíritu formaría una comunidad de profetas, marcada por la habilidad universal de escuchar la voz de Dios en sueños, visiones y palabras proféticas. Dios predijo esta nueva comunidad profética bañada en el Espíritu a través del profeta Joel:

> «Después de esto derramaré mi Espíritu sobre todo el género
> humano. Los hijos y las hijas de ustedes profetizarán, tendrán
> sueños los ancianos y visiones los jóvenes. En esos días derramaré
> mi Espíritu sobre los siervos y las siervas».[10]

Había leído ese versículo cientos de veces y nunca antes había visto el significado de la profecía dentro de él. Las luces empezaron a encenderse cuando leí el libro de Mike Bickle *Creciendo en el ministerio profético*[11], me ayudó a ver que somos un pueblo profético, así como somos un pueblo de la Palabra. «En la iglesia de Antioquia eran profetas y maestros»,[12] registra Lucas. Estos creyentes estaban escuchando la voz de Jesús a través de maestros de la Palabra y a través del ministerio de la profecía.

Actualmente nuestra ciudad está disfrutando de los frutos del movimiento de oración de pastores. Nos reunimos regularmente para orar en pequeños grupos alrededor de la ciudad y después nos reunimos una vez al año para un congreso de oración de cuatro días. He aprendido muchas cosas de estos pastores. Mis amigos pastores carismáticos me han enseñado mucho acerca de la profecía. He orado con ellos lo suficiente para saber que la profecía viene junto con la Palabra y no la reemplaza. Mis miedos acerca del abuso de este don se han calmado en gran manera conforme he caminado con estos hombres.

VE Y MIRA

Algunas palabras proféticas dan claridad a la visión. Algunas palabras proféticas guían. Una tarde mientras los ancianos estaban orando antes de que empezáramos a trabajar en una larga agenda, hubo un gran silencio, y nadie se apresuró a romperlo.

Sentimos que Dios quería hablar. Después de una larga pausa, uno de los ancianos dijo: «No puedo sacar a Kosovo de mi mente». La guerra en Kosovo estaba justo en su punto. «Creo que estoy escuchando al Señor decir: "Vayan y vean" Dios tocó nuestro corazón para los refugiados de Kosovo: un grupo albanés de musulmanes que contaba con pocos testigos del Evangelio. Lo que sucedió después nunca había sucedido en ninguna de nuestras reuniones de oración. Momentos después, algunos ancianos estaban postrados en el piso, algunos llorando, otros parados al lado de un mapa mundial imponiendo las manos sobre Yugoslavia para interceder con gran pasión. Nada de esto, claro, estaba en la agenda y no habíamos hablado acerca de ministrar en Kosovo antes de esa tarde. Cuando terminó la junta, Dios había dado una visión en nuestro corazón de alcanzar a la gente de Kosovo. Mientras escribo, un grupo del ministerio de nuestra iglesia se encuentra en Albania, explorando formas de hacer contacto con el pequeño remanente de creyentes en Kosovo. Lo que sucedió ese día me recordó reuniones similares en la iglesia de Antioquia cuando el Espíritu Santo dijo: «Apártenme ahora a Bernabé y a Saulo para el trabajo para el que los he llamado».

LA INTIMIDAD EN HECHOS

No puedo evitar creer que los creyentes en el libro de Hechos sintieron gran intimidad con la nuestro Señor Jesús. Él había hablado mientras estuvo en la tierra y continuó hablando a través de la profecía y de la Palabra.

El libro de Hechos registra el cumplimiento de la promesa de Cristo de continuar hablando a su iglesia: El Espíritu le dice a Felipe que ministre al eunuco Etíope.[14] Jesús se le aparece a Pablo en una visión e inicia su proceso de conversión.[15] Ananías tiene una visión que lo prepara para conocer al Pablo recién convertido.[16] Pedro cae en éxtasis mientras ora y tiene una visión que le revela que toda comida es limpia.[17] Agabo profetiza con exactitud una hambruna.[18] El Espíritu Santo habla a la iglesia de Antioquia diciéndoles que manden a Bernabé y a Pablo (Saulo).[19]

El Espíritu Santo guarda a Pablo de predicar en Asia.[20] Durante la noche, Pablo tiene una visión de un hombre de Macedonia suplicando por ayuda; el equipo misionero de Pablo responde inmediatamente.[21] Pablo experimenta otra visión nocturna en la cual el Señor le dice que será protegido de todo daño y que mucha gente en Corinto está preparada para el Evangelio.[22] Los creyentes de Efeso hablan en lenguas y profetizan cuando Pablo les impone las manos.[23] Pablo es impulsado por el Espíritu Santo a irse a Jerusalén; el Espíritu le advierte acerca de la prisión y de las dificultades que va a enfrentar.[24] Lucas señala que Felipe el evangelista tiene cuatro hijas solteras que profetizan.[25] El profeta Agabo profetiza que los judíos entregarían a Pablo a los gentiles.[26] El Señor se le aparece a Pablo mientras está prisionero en Jerusalén para exhortarlo, diciéndole que su ministerio no ha terminado.[27]

No podemos concluir que la iglesia en sus inicios experimentó un torrente continuo de revelaciones sobrenaturales. Estos ejemplos son tomados de una generación de figuras que encabezan la iglesia de la posresurrección. Ciertamente, existían «noches obscuras del alma» cuando Dios no hablaba. De alguna forma, unos creyentes de ciertas iglesias experimentaron más comunicación sobrenatural que otros. Aun así, permitiendo estas calificaciones, la agenda de Lucas es difícil de perder: Jesús aún habla a su iglesia. Lucas empieza el libro de Hechos resaltando que en su primer libro, el Evangelio de Lucas, él escribió acerca de: «Todo lo que Jesús *empezó* a hacer y a enseñar». Por lo tanto, el libro de los Hechos registra que Jesús *continúa* haciendo y enseñando a través de su Espíritu.

La iglesia en Hechos tenía un sentido agudo de la presencia personal de su Señor. «Todos», declara Lucas, «estaban llenos de temor». Mucho de este temor sin duda venía de la predicación poderosa y de la unción de la Palabra. Sin embargo, el sentido misterioso de la intermediación de Dios también puede ser atribuido a los sucesos frecuentes de revelación sobrenatural; comunicación personal clara y concisa de un Cristo viviente que reina y quien está a cargo de su iglesia.

LA ORACIÓN Y LA PROFECÍA

Me siento muy cerca de Dios cuando él habla a mi vida en una forma profética. ¿Cómo puede ser que el Creador del universo tenga suficiente tiempo para ocuparse de lo que estoy pensando y sintiendo y con lo que estoy luchando? Los hijos de Dios que están heridos, frecuentemente se sienten abrazados por él cuando aquellos que oran por ellos hablan palabras proféticas a las heridas de su corazón. Estuve orando hace poco por un amigo quien había estado experimentando problemas en su corazón. Estaba orando en forma general por su salud y bienestar espiritual cuando Dios pareció interrumpir mis oraciones para añadir su pensamiento.

«Es su peso», sentí que Dios decía.

Yo estaba reacio a hablar con mi amigo acerca de tan delicado asunto y quería estar seguro de que verdaderamente lo había escuchado del Señor, así que me concentré en la Palabra por muchos días. Finalmente lo llamé.

—He estado orando por tu corazón –le dije.

—Y... –dijo tanteando el terreno.

—Esto es un poco personal. Pero pienso que el Señor quizá esté diciendo que el problema de tu corazón tiene algo que ver con tu sobrepeso.

Hubo una larga pausa. Me pregunté si había ido demasiado lejos.

—Asombroso –dijo.

—Eres la tercera persona que me ha dicho eso en dos días. Un tipo vino a mi casa esta tarde solo para compartir la misma palabra conmigo. Creo que Dios está tratando de decir algo, ¿no crees?

Una semana después estuve con él.

—Me siento tan amado por Dios –me dijo, después de hablar de su nueva dieta y sus planes de ejercicio.

—Me siento realmente cuidado; Dios me ama lo suficiente para enviarme a todos ustedes y traerme una palabra como esa. ¡Qué increíble!

Lanne estaba orando por su amiga Donna cuando ella escuchó la frase «mirada hostil». Hizo una pausa, miró a Donna y preguntó: «¿La frase "mirada hostil" significa algo para ti?» Ellas continuaron orando. Donna se dio cuenta de que los hombres clave en su vida la miraban con hostilidad. Ella se dio cuenta de que había asumido que su Padre celestial también la veía a través de la misma mirada hostil. Este entendimiento, combinado con la tierna oración de Lanne y su gran amistad, abrió puertas importantes de sanidad en la vida de Donna. La experiencia de Donna con lo profético le ayudó a arrancar la imagen de Dios como un Padre de «mirada hostil» de su mente.

> ¿Cómo puede ser que el Creador del universo tenga suficiente tiempo para ocuparse de lo que estoy pensando y sintiendo y con lo que estoy luchando?

PROTÉGETE A TI MISMO DEL ABUSO DE LA PROFECÍA

No todas las palabras proféticas traen sanidad y sentimientos cálidos de intimidad con Cristo. El don de la profecía, como cada don, puede sufrir abuso. Para muchos de nosotros, caminar en la profecía es una disciplina relativamente nueva. Inevitablemente cometemos errores y nos lastimamos unos a otros. La tendencia natural es decidir no tener nada que ver otra vez con la profecía. La Biblia prohíbe claramente esta respuesta. «No desprecies las profecías», dijo Pablo rotundamente.[30] Podemos protegernos a nosotros mismos del abuso de las profecías preguntando cuatro cosas cuando alguien comparte una palabra con nosotros.

¿El contenido es bíblico? «La verdadera profecía se somete de buena gana a la autoridad final de la Escritura», explica George Mallone, «debido a que no es una nueva revelación de la verdad para la iglesia sino una expresión armónica de esa verdad».[31]

¿Es consistente con el Espíritu de Jesús? De acuerdo con Apocalipsis: «El testimonio de Jesús es el Espíritu de la profecía».[32] Una verdadera palabra profética sonará como una palabra que Jesús hubiera dicho.

¿La persona que está hablando camina con Dios? La Escritura está más frecuentemente enfocada en el carácter del profeta que en las palabras del profeta. Jesús explícitamente nos advierte de falsos profetas, exhortándonos a discernir su verdadera naturaleza probando el fruto de su carácter. Por eso, no es una buena idea recibir profecía anónima.

¿Se da la palabra en amor? «Si tengo el don de profecía ... pero me falta el amor», escribe Pablo, «no soy nada».

La mejor garantía, por supuesto para evitar dolor a causa de una profecía es una relación de amor. Todos los dones espirituales se practican mejor en comunidad. El don de la profecía no es la excepción. Si tú realmente deseas crecer en este don y aprender a escuchar la voz de Dios hablándote de esta forma, ¿por qué no pasas más tiempo estudiando este don con tu pequeño grupo? Entonces mientras comienzan a practicar este don, retroaliméntense el uno al otro acerca de cómo van realmente. Dense libertad de fallar, y ríndanse cuentas entre ustedes para mantener la Escritura como su alimento espiritual básico y constante.

SUSURROS EN LA NOCHE

Los sueños son otra forma en la que Dios habla proféticamente a nuestras vida. «Ninguna comunicación», escribe Ken Gire, «es tan íntima, creo, como un sueño susurrado en nuestra alma en medio de la noche».[35] El salmista conocía los susurros nocturnos de su pastor. «Aun de noche», escribe, «me reprende mi conciencia».[36]

Todos los dones espirituales se practican mejor en comunidad.

El año pasado me dio una enfermedad crónica que se negaba a ser diagnosticada o curada. Me duró un mes y después dos. La medicina no me hacia efecto y empecé a preguntarme si algo más serio me estaba sucediendo. Una tarde los ancianos oraron por mí para recibir sanidad. Al siguiente día uno de ellos me llamó y dijo que después de orar por mí, él se había ido a dormir y Dios le había dado un sueño acerca de mí. Tres hombres diferentes aparecían en el sueño. De alguna forma él había sentido que mi enfermedad estaba ligada a mi relación con ellos. Después él me dijo los nombres de esos tres hombres. Después yo hice una mueca. Dios había puesto esos tres hombres en mi corazón por algún tiempo, exhortándome a encontrarme con ellos y asegurarme que nuestra relación estuviera en buenas condiciones.

Estoy avergonzado de admitir que había estado posponiendo este encuentro. Me encontré con los tres hombres durante los siguientes diez días. Un día después que me encontré con el tercer hombre, mi enfermedad desapareció.

Dios utilizó un sueño para traerme ambas cosas, sanidad física y sanidad en las relaciones en mi vida, pero más que eso, su intervención de gracia en mi vida al contestar la oración de mi hermano, me recordó cuán interesado está él en mí.

CAPÍTULO SEIS

LA ORACIÓN
Y EL CUIDADO DEL PADRE

Sandi y yo, frecuentemente planeamos nuestras vacaciones para poder pasar algún tiempo viajando en automóvil durante la noche. Encontramos un restaurante que tenga paquetes para niños, llenamos sus pequeñas barrigas y después continuamos el viaje. Cuando pasamos por Atlanta, normalmente están completamente dormidos.

Nos servimos una taza de café, ponemos nuestro CD favorito, y nos alistamos para una larga conversación. Frecuentemente, no estamos en contacto por un tiempo y tenemos mucho de que hablar. Sandi normalmente empieza por comentarme los sucesos de la semana. Después conforme las millas y los momentos pasan, ella me da un regalo de su corazón. Sus palabras descienden la escalera de la intimidad y alcanzamos lugares de comunión que muy pocas veces tenemos en nuestra vida diaria llena de actividades.

Inevitablemente, yo deseo compartir mi corazón con ella también. Algunas veces interactuamos punto por punto, entrelazando los hilos de nuestras historias en una sola. Otras noches ella habla hasta que termina, y después yo hablo hasta que termino. Las buenas conversaciones son así; evocan una respuesta.

Observa a la gente que se ama teniendo una conversación. Sus palabras crean un baile de voces; sus frases entrelazadas, arqueándose, entrando y saliendo, cuidadosamente evitando interponerse una sobre otra. Observa la interacción sutil de iniciativa y respuesta: la risa produce risa; las lágrimas traen lágrimas.

Las malas relaciones por otro lado, son relaciones donde la conversación no es correspondida. Ciertas imágenes vienen de inmediato a mi mente: Una madre leyendo una revista mientras su hija le cuenta cómo estuvo su día. Un sargento instructor de la marina gritándole a un recluta que aprieta sus labios. Las palabras exasperantes de una esposa quien casi se ha rendido en la comunicación con su esposo que se encuentra siempre perdido en su propio mundo distante: «¡No me estás escuchando!».

Las relaciones saludables gozan de un diálogo entre los involucrados. Ambos escuchan. Y ambos hablan. Esto mismo es verdad en nuestra relación personal con Jesús. Nuestra relación de conversación con él empieza, al aprender a escuchar su voz. Pero no termina ahí. La siguiente tarea, es aprender cómo hablar de tal forma que él nos escuche. El participarle a Dios lo que hay en nuestro corazón, se llama simplemente oración.

Los evangélicos y los carismáticos tienen mucho que enseñarnos acerca de una vida de oración vital. Los evangélicos le han dado a la iglesia la herencia de rica predicación, escritura, y práctica de la vida de oración. Los carismáticos, de igual manera comprometidos a orar, también tienen mucho que decirnos acerca de orar en un lenguaje de oración personal. Todos están de acuerdo en que la oración es esencialmente una relación. «Oración», escribe George Buttrick, «es amistad con Dios».[1]

UNA IMAGEN EMPAÑADA

La novela de Susan Howatch llamada *Glittering Images* [Imágenes Brillantes] nos da una crónica del agotamiento espiritual y la recuperación de un sacerdote anglicano de treinta y siete años llamado Charles Ashworth. El Dr. Ashworth, un teólogo de Cambridge y protegido del Arzobispo de Canterbury, tiene muchos esqueletos escondidos en su clóset, que salen a la luz aproximadamente a la mitad del libro. Cuando su imagen brillante pulida cuidadosamente se empaña, Ashworth experimenta depresión espiritual y emocional y es enviado a un monasterio anglicano para su recuperación. El clérigo destrozado es entregado a un monje misterioso llamado padre Darrow para que sea su director espiritual. Darrow empieza a remover las capas de la imagen brillante de Ashworth exponiendo los torcidos anhelos de su corazón.

Dios me habla a través de novelas y me habla a través de esta. No he caído en los mismos pecados que Charles Ashworth, pero he pasado una vida puliendo una imagen brillante y he experimentado su derrumbamiento. Leí el libro un poco después de nuestra Asamblea Solemne cuando experimenté mi propio agotamiento espiritual. La sanidad de Ashworth se entrelazó con mi propia sanidad, algunas partes de su diálogo terapéutico con Darrow están ahora subrayadas en tinta azul y marcadas permanentemente con un doblez en la esquina de la página y una tarjeta de presentación.

Ashword descubrió que mucho de lo que lo había guiado al ministerio, era un deseo de satisfacer a sus figuras paternas.

—Charles, ¿estaría exagerando en la lectura de tus observaciones si yo dedujera que la simpatía y la aprobación son muy importantes para ti?

No era una pregunta muy fácil de responder.

—Bueno, ¡claro que son importantes! –exclamé–. ¿No son importantes para todo el mundo? ¿No se trata de esto la vida? El éxito es la aprobación y la simpatía de la gente hacia ti. El fracaso es ser rechazado. Todo el mundo sabe eso.

—Vamos a hablar de todas estas figuras paternas que has acumulado a través de los años ... ¿Cómo describirías a todos estos benignos ancianos en tu vida?

Lo miré con recelo, y dije austeramente:

—Difícilmente colecciono padres por placer.[2]

«Los ancianos benignos» tienen un lugar, un lugar crítico en nuestras vidas. Aún así, ellos no pueden tomar el lugar de nuestro Padre Dios. Una de las tareas más significativas del desarrollo espiritual, es aprender cómo ser cuidado por el Padre.

SÉ CUIDADO POR EL PADRE

Ser cuidado por el Padre es el corazón de la oración. «Ustedes deben orar así», Jesús les enseñó a sus seguidores, «Padre Nuestro».[3] Cuando los discípulos no entendían bien, Jesús utilizó otra ilustración con un Padre:

¿Quién de ustedes que sea padre, si su hijo le pide un pescado, le dará a cambio una serpiente? ¿O si le pide un huevo le dará un escorpión? Pues si ustedes, aún siendo malos, saben dar cosas buenas a sus hijos, ¡cuánto más el Padre celestial dará el Espíritu Santo a quienes se lo pidan![4]

La oración es una conversación entre un hijo y un Padre. Soy el pastor de una iglesia llena de hombres y mujeres jóvenes, huérfanos de padre. Las víctimas de crecer huérfanos de padre son reales y van en aumento. Aún así hay esperanza. Les podemos enseñar a orar; porque en la oración, el huérfano de padre encuentra a un Padre. La espiritualidad evangélica es una espiritualidad de oración. Mis libreros están llenos con docenas de libros escritos por autores evangélicos acerca de la oración. Cada uno de ellos señala a un Padre que nos invita a hablar con él.

Una de las tareas más significativas del desarrollo espiritual, es aprender cómo ser cuidado por el Padre.

LA ORACIÓN COMO COLABORACIÓN

¿Por qué el Padre quiere escuchar lo que nosotros tenemos que decir? Ironía de ironías, ¿por qué se humilla a sí mismo para que colaboremos con él en la salvación del mundo? La respuesta se encuentra en una sola palabra: intimidad. Él nos quiere conocer y desea que nosotros lo conozcamos. El Padre nos invita a pedirle que venga su reino a la tierra, así como lo es en el reino del Padre. «La vida es una guerra», escribe John Piper. «La oración es esencialmente un radio de guerra para la misión de la iglesia conforme esta avanza en contra de los poderes de las tinieblas y de la incredulidad».[5]

Esta colaboración de oración en tiempo de guerra, forja el lazo más profundo entre nosotros y nuestro Padre celestial. Juntos compartimos el auge y la caída del reino de Dios. Escucha a los hombres que pelearon con Patton o con MacArthur en la Segunda Guerra Mundial. Juntos prevalecieron. Ellos formaron un lazo con su comandante al colaborar con él para hacer la guerra. La oración es una colaboaración similar. La oración es: «Hablar con Dios acerca de lo que vamos a hacer juntos».

Cada jueves, ayuno y oro en una cabaña en donde se puede mirar el río Tenessee. Termino el día caminando por el bosque y orando por diferentes frentes de batalla que nuestra iglesia est[a librando. He tomado paseos como estos cada jueves durante siete años. Es en estos paseos silenciosos en donde mi Padre y yo hacemos guerra. «Pídeme hacer lo que yo quiero hacer a través de ti», dice el Padre; y entonces hago mi petición. Pido por las cosas que están en mi corazón. Pido por mis hijos y por mi esposa. Pido por mi equipo de trabajo y por mis vecinos. Pido por sabiduría y por recursos. Pido por valentía y por santidad. Pido por perdón y por bendición. Algunas veces él me responde y otras no; y me mantengo pidiendo hasta que la respuesta es: «No». Somos colaboradores, mi Padre y yo somos colaboradores. Pedir es tan dulce como recibir; el pedir crea intimidad.

ENCUÉNTRATE CON AQUEL QUE PIDE

Frecuentemente, mi Padre me pide que yo sea la respuesta a mis propias oraciones. Los papeles se invierten. Yo lucho. Dudo. Y pido una segunda opinión. Y usualmente al final, obedezco. Hago la llamada telefónica. Digo la palabra difícil en el sermón. Confronto el pecado. Doy dinero. Y expongo una parte de mí mismo en un libro aun cuando pretendía mantener mis heridas escondidas. Obedecer también crea dulzura. Abraham sintió esa cercanía mientras dirigía a Isaac hacia las escarpadas cuestas del monte Moria. Daniel sintió esa cercanía cuando eligió orar a costo de su vida. Mateo sintió esa cercanía cuando dejó su trabajo cobrando impuestos y echó su suerte con el misterioso Rabí de Galilea. Martín Luther King, Jr. sintió esa cercanía cuando escribió sus cartas desde la cárcel de Birmingham. Dietrich Bonhoeffer sintió esa cercanía cuando predicó su último sermón en el campo de concentración Flossenbürg una hora antes de que los Nazis lo colgaran. Barbara Youderian sintió esa cercanía cuando escuchó que su esposo Roger había sido martirizado mientras trataba de evangelizar a los Auca. Ella escribió en su diario esa noche en 1956.

> Esta noche el capitán nos dijo que encontró cuatro cuerpos en el río. Uno tenía puestos una camiseta y unos pantalones de mezclilla. Roj era el único que usaba eso ... Dios me dio este versículo hace dos días, Salmos 48:14: «¡Este Dios es nuestro Dios eterno! ¡Él nos guiará para siempre!». Al encontrarme cara a cara con la noticia de la muerte de Roj, mi corazón estaba lleno de alabanza. Él era digno de irse en la manera en que partió. Ayúdame Señor, a ser mamá y papá.[7]

Que te pidan, y responder que sí, es intimidad.

Una amiga me llamó llorando la tarde del domingo pasado. Ella había estado pidiéndole a su Padre que la guiara y de repente fue puesta en la presencia de Aquel Que Pide. Él le había pedido a ella que viviera en una tierra lejana, y le contara a la gente acerca de Jesús. No era la primera vez que Aquel Que Pide le había hablado. Ella sabe que el día de la decisión se está acercando. «Tengo mucho miedo», susurró. «Tanto miedo».

Conozco a mi amiga. Ella luchará. Llorará. Dudará. Pero al final, le dirá que sí a Aquel Que Pide. Perderá mucho, pero ganará mucho más.

EL PROYECTO JEB STUART

Empezamos nuestra iglesia justo en la época de mayor auge del movimiento de crecimiento de la iglesia. Para aquellos de ustedes que no lo recuerdan, el movimiento de crecimiento de la iglesia aplicó principios básicos de sociología a las iglesias, con el fin de ayudarlas a crecer. Aprendí mucho de los maestros del crecimiento de la iglesia y estoy agradecido por su contribución al reino. Un tema popular acerca del crecimiento de la iglesia en los años ochenta fue: «Rompa las barreras del crecimiento». Los investigadores descubrieron que ciertas iglesias se asentaban en mesetas de crecimiento y otras mantenían su crecimiento. comenzaron a estudiar a las iglesias que estaban creciendo y trataron de encontrar por qué fueron capaces de mantener su crecimiento. El seminario Fuller guió el camino y ofreció una serie de seminarios con los títulos: «Rompa la barrera de los doscientos», «Rompa la barrera de los cuatrocientos», y así sucesivamente.

Cuando nosotros empezamos a llegar a setecientas personas que asistían los domingos en la mañana, parecía que habíamos «encontrado una barrera». Estábamos luchando para subir al siguiente nivel del crecimiento. Decidimos llevar a nuestro equipo a la conferencia de crecimiento de la iglesia «Más allá de los ochocientos» para aprender los principios que nos ayudarían a romper la barrera de ochocientos miembros y continuar nuestro crecimiento. Nos metimos en la camioneta un domingo después de la iglesia y llegamos al Holiday Inn de Baltimore tarde en la noche.

Me levanté temprano a la mañana siguiente, tomé una taza de café, me dirigí hacia afuera para dar un paseo y orar. Cuando regresé, ansioso de tomar mi cuaderno para la conferencia, detecté una curiosa falta de características que son estándares en una conferencia: mesas de registro, carteles, y algo más importante, ¡otras personas! Nuestro grupo ya se había reunido en ese momento y juntos fuimos a la recepción del hotel.

«Estamos aquí para la conferencia de crecimiento de las iglesias», dije.

Entonces, la persona que nos atendía dijo las palabras que yo me temía escuchar: «¿Qué es eso?».

La conferencia había sido cancelada. Nadie se había molestado en avisarnos, y yo no me molesté en confirmar nuestro registro. Estábamos a diez horas de casa en una mañana de lunes con dos días reservados y pagados. ¿Qué podíamos hacer? Tim, nuestro pastor de jóvenes, ejerció presión para hacer un recorrido por la planta de Harley-Davidson cerca de ahí, pero rápidamente fue vetado. Decidimos ir a Gettysburg, Pennsylvania, y pasamos el día explorando uno de los campos de batalla más grandiosos de la Guerra Civil.

Nuestro paseo en Gettysburg resultó ser una de las mejores conferencias del crecimiento de la iglesia al que alguna vez hayamos asistido. Pasamos el día recorriendo los campos segados y frescos, aprendiendo la historia de una de las batallas más épicas de la Guerra Civil. Cuando finalmente nos metimos en la camioneta para emprender el largo regreso a casa, nuestra mente estaba llena de imágenes vivas de heroísmo y horror: de Longstreet y Lee discutiendo atrás de un árbol, de la resistencia clásica de Chamberlain, de hombres valientes en gris y azul marchando hacia su muerte por una causa en la que ellos creían profundamente, pero que muy pocas veces podían pronunciar.

Jeb Stuart capturó nuestra imaginación más que cualquier otro soldado de los que aprendimos ese día. Jeb Stuart era un oficial de caballería excéntrico quien gozaba de la simpatía de las mujeres y tenía la facilidad de aparecer en las noticias de primera plana. Lee se confiaba mucho de Stuart para obtener información acerca de las tácticas del enemigo y las posiciones de las tropas. Stuart cabalgaba furtivamente detrás de las filas de sus enemigos, para descubrir lo que necesitaba, y después corría de regreso hacia la casa de campaña de Lee con su reporte. Cierta vez apareció en la primera plana de varios diarios, por haber rodeado al ejército del Norte sin que ellos se dieran cuenta. En Gettysburg, pensó llevar a cabo la misma hazaña de nuevo. Cuando Stuart finalmente llegó al campo en la segunda noche de batalla, ya era muy tarde. Lee había sido forzado para hacer planes de batalla sin saber la fuerza o ubicación de su enemigo y envió cientos de hombres a su muerte en lo que se conoció como «La ofensiva de Pickett»; una de las más grandes pérdidas del ejército Confederado y un punto decisivo en la guerra. La pelea en los primeros dos días de batalla, había tomado lugar en los flancos izquierdo y derecho. Lee, sin el conocimiento de la información de Stuart, pensó que el ejército del Norte había desbordado todas sus tropas hacia los flancos derecho e izquierdo, dejando el centro libre para atacar. Estaba equivocado. El general Buford había juntado varios regimientos con sus tropas más fuertes, detrás de la colina hacia donde Pickett dirigió su ofensiva fatal.

Los que han estudiado la batalla de Gettysburg atribuyeron la pérdida del ejército del Sur a muchos factores. La falla de Jeb Stuart en proteger a sus tropas fue ciertamente uno de ellos.

Cuando conducíamos de regreso a casa esa noche, se nos ocurrió que quizá Dios quería enseñarnos algo a través de lo que habíamos visto. «Vinimos para aprender estrategias que nos ayudaran a crecer», oró Tim. «Pensábamos que íbamos a aprender esas estrategias en la conferencia de crecimiento de la iglesia, pero tú tenías otros planes. ¿Qué es lo que nos quieres decir?»

Mike, quien es uno de nuestros pastores misioneros y un ávido estudiante de estrategia militar, inmediatamente supo la respuesta.

«Es Jeb Stuart», dijo. «Él era los ojos del ejército confederado. Tenían tropas y planes pero no tenían la visión de saber cómo hacer los planes correctos».

«Un gran número de hombres murieron como resultado», añadió Tim.

«Dios nos está hablando acerca de la oración», Mike continuó, con más emoción en su voz. «La oración nos muestra cómo debemos entablar el combate con el enemigo. Somos como los Confederados. Tenemos tropas y planes, pero no tenemos la estrategia de Dios para avanzar».

Decidimos que teníamos que aprender cómo convertirnos en una iglesia de oración. Los principios del crecimiento de la iglesia eran buenos, pero no suficientes para entablar un combate con el enemigo. Teníamos que tener los planes de Dios. Teníamos que ver el futuro a través de *sus ojos*.

Esa fue la última conferencia de crecimiento de la iglesia a la que asistimos. Pero era solo el principio de nuestra travesía para convertirnos en una iglesia de oración. Llegamos a casa y empezamos a preguntarle a Dios la estrategia de oración. A nuestra nueva travesía en la oración la llamamos «El Proyecto Jeb Stuart».

La única premisa que no me gusta en la literatura del crecimiento de la iglesia, es asumir que si tú sigues ciertos principios de crecimiento, tu iglesia crecerá inevitablemente. Esto simplemente no es verdad. El obedecer estos principios, ayuda; pero el crecimiento espiritual verdadero es fundamentalmente un trabajo del Espíritu. Las estrategias y planes sabios, cuando no se encuentran concebidos en la oración, no ganan guerras espirituales. No cumplimos nada excepto a través de la oración.

Soy un tipo relativamente astuto; sé como lograr que las cosas sucedan. Pero he hecho que muchas cosas sucedan que Dios no quería que sucedieran y he visto a mucha gente lastimada en el proceso. Es por esto que oro mucho más ahora de lo que acostumbraba antes. He dirigido a muchos en ofensivas de Pickett hacia un enemigo que no sabía que estaba ahí. He dejado muchos soldados valientes tirados en su propia sangre en el campo de batalla porque tomé decisiones sin la visión de la oración.

Un movimiento de oración está creciendo en nuestra ciudad. Más de cien pastores están involucrados. Nos estamos convirtiendo en gente de oración por la misma razón: impotencia. Estamos cansados de llevar a cabo programas y andar arrastrando las ovejas de otros mientras la gente perdida permanece perdida y la gente lastimada permanece lastimada. Trabajamos duro y nos cansamos; y los programas han permanecido igual. Así que ahora estamos orando. Porque nada se logra sin oración.

QUEBRANTAMIENTO Y ORACIÓN

El quebrantamiento es uno de los secretos de la oración.

Orar bien es el privilegio de la gente que ha sido quebrantada, quien ha llegado al final de sus propios recursos, quien ha tratado todo y ha lanzado su mejor tiro y ha visto cómo la victoria se escapa entre sus dedos de todos modos. Y es en estos momentos de quebrantamiento; estos momentos de cansancio, desgaste y frustración cuando pensamos «renuncio»; y en los cuales, nos encontramos con la dulzura de Jesús.

Estuve revisando algunos archivos viejos recientemente, y saqué algunas cartas que escribí al inicio de mi ministerio. Me simpatiza el hombre joven que las escribió. Es seguro de sí mismo, un poco insolente y ansioso de conquistar la montaña, determinado en su trayecto y casi no le teme a nada, convencido del inevitable éxito de su misión.

El quebrantamiento es uno de los secretos de la oración.

Extraño a ese hombre joven, pero ya no soy ese joven. He sido quebrantado. Estoy marcado. Cojeo. Soy más un guerrero ahora de lo que lo era cuando tenía veinticinco años. Creo que el diablo me teme más ahora que cuando tenía veinticinco años. Porque ahora conozco la impotencia de mi propia fortaleza. Y ahora soy un hombre de oración. La oración se ha convertido en mi fortaleza.

En un artículo titulado «Cómo sanar los desgarres del alma masculina» Ted Dobson escribió:

Hay «un desgarre» en el alma masculina; un hueco o herida que nos lleva a una profunda inseguridad. El psicólogo alemán, Alexander Mitscherlish ha escrito que la sociedad ha desgarrado el alma de los hombres, y en este desgarre, los demonios se han refugiado; demonios de inseguridad, egoísmo, y desesperación. Como consecuencia, los hombres no saben quiénes son como hombres. En lugar de eso, se definen a sí mismos por lo que hacen, a quién conocen, o qué poseen.[8]

La oración me ha ayudado a sanar este desgarre en mi propia alma, sacando a los demonios que han buscado refugio allí. Según le he ido entregando mis inseguridades y miedos a mi Padre, él los ha reemplazado con su valentía y fortaleza.

ORAR CON OTROS

He creído en la oración desde que era un joven cristiano. Y me comprometí a orar después de nuestro viaje a Gettysburg. Comencé a amar la oración cuando empecé a orar con mis amigos. La amistad con Cristo en la oración, es frecuentemente acrecentada a través de la amistad con otros. Yo disfruto la oración nocturna con amigos cercanos más que cualquier otra cosa. Sandi y yo frecuentemente oramos con aquellos que amamos hasta la una o dos de la mañana. Pero no ha sido siempre así.

Una tarde de domingo hace un año en el proyecto Jeb Stuart, Sandi y yo estábamos cenando con nuestros vecinos Gary y Debbie. Nos instalamos en la sala a comer el postre y Gary preguntó: «¿Por qué no oramos un rato?».

Habíamos pasado muchas tardes juntos, pero la oración normalmente no estaba incluída en la agenda. Aún así algo había cambiado desde que empezamos a pedirle a Dios que nos convirtiera en una iglesia de oración. Un movimiento totalmente nuevo de oración estaba empezando a nacer en nuestra congregación. El Dr. Paul Cedar, que entonces era presidente de nuestra denominación, estaba enviando cartas mensuales a todos los pastores de las *Evangelical Free Church* [Iglesias Libres Evangelicas] retándonos a orar. Nos había invitado a iniciar el ayuno de un día a la semana, y yo había aceptado el reto. Habíamos leído como equipo, el libro de *El ministerio de la oración intercesora* de Andrew Murray, escuchamos juntos el seminario sobre la oración de Peter Wagner, y estudiamos el material de Rees Howells, *Intercesor*. El tremendo estudio de Henry Blackaby, *Mi experiencia con Dios* había tenido un gran impacto en nuestra iglesia. El ministerio de Libertad en Cristo de Neal Anderson nos había llevado a conocer el increíble poder de orar por alguien mientras se declaran las Escrituras y se renuncia al pecado. Las mareas de oración estaban creciendo. Empezamos a orar juntos esa noche y no paramos hasta la media noche. Nos juntábamos cada domingo en la noche durante más de un año. Y ahora me encanta orar. Nuestro programa era simple. No sabíamos cómo orar y queríamos aprender. Empezabamos cada tarde con una oración simple: «Señor, esta es tu noche. Dejamos nuestra agenda en la puerta. Enséñanos a orar». Y él lo hizo.

Al principio orábamos juntos como un novato en un equipo de fútbol americano: dejamos caer muchos balones y nos perdimos muchas señales. Pero entre más orábamos, más aprendíamos a orar correctamente. Aprendimos cómo discernir su agenda de oración para las tardes. Verdaderamente llegábamos sin ningún otro plan, más que buscarlo. Algunas noches orábamos por nuestros hijos. Algunas noches orábamos por nuestra iglesia. Algunas noches orábamos por una nación. Algunas noches orábamos por cada uno de nosotros. Ninguna noche fue igual, y cada noche tenía su riqueza. Dios usualmente nos daba un tema sobre el cual quería que oráramos cada noche. Cuando «le dábamos al clavo» manteníamos el mismo tema hasta que terminábamos de orar por él. Entre más orábamos juntos, más aprendíamos a apreciar nuestros diferentes estilos de oración y puntos fuertes. Aprendimos a tomar el tema sobre el cual la última persona había orado y llevar la oración más lejos. Mis recuerdos de ese año en «la escuela de oración» se encuentran entre los más enriquecedores de mi vida. Era un lugar seguro, donde dejábamos nuestras imágenes brillantes en la puerta y permitíamos que todos vieran las esquinas oscuras de nuestra naturaleza.

Orábamos por nuestras fallas y nuestros miedos, nuestras esperanzas y nuestros sueños. Oramos por la muerte de la hermana de Gary, por el nacimiento de nuestra hija y por el descubrimiento de que Bryden tenía cáncer. El júbilo de la oración se convirtió en el júbilo de nuestra vida.

La sala de Gary y Debbie era un lugar de expectación. Nunca sabíamos lo que Dios quería hacer en la noche que nos regalaba, pero nunca quedábamos decepcionados. Recuerdo anhelar esas tardes como un joven amante anhela una tarde con su pareja. Dios nunca llegaba temprano. Bromeábamos acerca de que el Espíritu Santo nunca llegaba antes de las once de la noche. Parecía que eran necesarias muchas horas para ponerse al día, comer, y reír antes de que nuestro corazón estuviera listo para buscarlo a él verdaderamente. Pero eso estaba bien. Yo prefiero una oración al rojo vivo cualquier día en lugar de dormir.

También aprendimos a dar el regalo de nuestra necesidad el uno al otro y recibir una oración a cambio. Esto nunca ha sido fácil para mí como pastor. Los pastores aprenden a compartir sus peticiones de oración, pero solo las heroicas: «Por favor ora por mí esta semana mientras intento salvar al mundo». Me había sentido egoísta y expuesto al expresar mis necesidades de oración con otros.

Ya no más. Algunos de los momentos más íntimos con mi Salvador, ocurren cuando mis hermanos y hermanas imponen las manos sobre mí y oran. Sus manos se convierten en las manos de Jesús. Hoy, un grupo de veinte personas está orando por mí los cinco días de la semana. Les mando un correo electrónico cada semana con peticiones específicas de oración. Un equipo de oración se une a mí durante las primeras dos horas de la preparación de mi sermón los jueves. Otro grupo ora por cada servicio dominical; les mando un correo electrónico con mis notas del sermón por anticipado. Un equipo de oración ha estado conmigo en la cabaña en un cuarto adyacente durante la escritura de este libro, orando por ambos, por mí y por ti. Llevé a dos miembros de mi equipo de oración conmigo cuando fui al Centro de Voz de Vanderbilt recientemente, para que me ayudaran con mis tensas cuerdas vocales. Ellos oraron por mi en el carro en el camino a Nashville, oraron por mi en la sala de espera, oraron conmigo durante mi examen, oraron conmigo hacia el camino a casa.

«Oren también por mí», escribió Pablo en Efesios.[9] He expresado la misma petición muchas, pero muchas veces. La oración se ha convertido en una de las partes más íntimas de mi vida espiritual. La gente con la que oro es la gente con la que me siento más cercano. Y entre más cerca estoy de ellos, más cerca me siento del Padre.

ORA SOLO

En los inicios de mi vida cristiana, antes de que yo aprendiera a orar, temía estar solo. Recuerdo que en la universidad hacía planes los martes para cenar el sábado porque no podía soportar la idea de comer solo. Mi vida de oración se estaba derrumbando, porque me dije a mí mismo, que estaba simplemente muy ocupado. Estaba muy ocupado. Pero tenía una razón para estar ocupado: Temía estar solo.

Me he encontrado con Cristo en los lugares solitarios.

Mucha gente que conozco aborrece el ensordecedor silencio de la soledad. Una vez le di una tarea a un hombre al que le estaba dando consejería: «Pasa medio día solo, sin libros», le dije. «Sin televisión. Sin radio. Solo tu Biblia, un diario y una pluma».

Gotas de sudor aparecieron en su frente. Había miedo en sus ojos. «No puedo hacer eso», dijo. Nunca nos vimos otra vez.

Yo temía estar solo porque en la soledad se encontraba expuesto el desgarre de mi alma. Sabía quién era yo en relación con otros, y perdía de vista a esa persona cuando me encontraba solo.

El Dr. Ashworth, a quien conocimos algunas páginas atrás, nunca enfrentó el desgarre en su propia alma hasta que fue forzado a pasar un tiempo solo en el monasterio. Los primeros momentos de soledad, casi lo destruyeron, el padre Darrow lo guía:

—Estoy separado de Dios —grité aterrorizado. Estaba estremeciendome de pies a cabeza. Las lágrimas estaban bañando mi cara—. Él se ha ido. Me ha rechazado. Él no está aquí

—Él está aquí pero no lo puedes ver. Te han cegado ...

—Me están invadiendo —estaba estremeciéndome otra vez, haciendo esfuerzos para respirar—. Sin Dios... todos los demonios... tomando el control... diciéndome que no sirvo.

—Toma esto —puso la cruz que traía en el pecho fuertemente en mi mano—. La cruz intercepta su camino. Ningún demonio puede soportar el poder de Cristo ... Ahora voy a decir una oración por ti ... una oración en silencio, y quiero que escuches con tu mente y trates de oír lo que estoy diciendo.

Cayó un gran silencio. Oí obedientemente pero no escuché nada. Después de un rato, me volví consciente dentro de mi oscuridad de un calor extraño ... Abrí los ojos para darme cuenta de que él me estaba mirando, cuando se cruzaron nuestras miradas, dijo:

—¿Escuchaste la oración?

—No, pero recuerdo a Nuestro Señor diciendo: «Y les aseguro que estaré con ustedes siempre, hasta el fin del mundo».

Ashworth descubrió que su fe era también una imagen brillante, un cultivado escudo externo con poca realidad interna. Cuando estaba solo, los demonios se precipitaban a llenar su alma. La oración los alejaba.

Lo mismo ha sucedido en mi vida. Poco después de que empezó el proyecto Jeb Stuart, empecé a pasar un día solo cada semana en oración, ayunando y estudiando las Escrituras. Esto resultó ser una de las decisiones más difíciles que he tomado. Implicaba dejar mensajes telefónicos sin contestar, visitas a hospitales que nunca hice, y citas para comer que tendrían que esperar para otro día. Bajo estas razones legítimas pastorales, había un miedo oculto a lo que pudiera encontrar al pasar el día con un extraño, mi propio aislado yo. Pero tomé la decisión. Me he encontrado con Cristo en los lugares solitarios. Y él ha sacado muchos de los demonios fuera.

Ahora mi día de soledad es el ancla de mi semana. El ayuno purifica mi mente e intensifica el hambre de mi alma por Dios. Contemplar las aguas dormidas del Tennessee perezosamente debajo de las riveras rocosas sombreadas por los arces y cornejos, hace más lento el paso de mi mundo interno.

Comienzo el día escribiendo mi diario. Esto me ayuda a centrarme en las partes de mi corazón que son inaccesibles en horas normales.

Trato de ser tan honesto como puedo acerca de lo que necesito y de lo que quiero, cómo he pecado y en dónde necesito dirección. Paso mucho tiempo del día leyendo la Palabra, estudiando y meditando en el texto que voy a predicar el domingo. Las últimas horas las paso caminando.

Me fascina caminar con el Señor. La Palabra, mora enriquecedoramente en mí, empieza a hacer intersección con los ámbitos del corazón derramados en mi diario. Mi cuerpo vacío ahora de comida, y anhelándola, se vuelve especialmente sensible a los susurros del Señor. Cuando llegan las cinco de la tarde, estoy ansioso por comer, pero triste de dejar a Aquel que amo. Algunas veces me quedo sentado por más tiempo, empapado de estos momentos extraños y preciosos de intimidad de oración.

Cuando viajo, me gusta bastante encontrar lugares silenciosos para caminar con el Señor. Muchos de mis recuerdos más queridos de él, son las caminatas que hemos tomado juntos. Estos recuerdos inundan mi mente: una caminata bajo la lluvia hacia la tumba de Dawson Trotman a un lado de las montañas sobre Glen Eyrie, Colorado; una caminata a la luz de la luna en la playa de la isla de Harbor, Bahamas; una caminata tranquila a través de un cementerio Budista en Dalatt, Vietnam; una caminata fría a través de los alpes Rumanos; una caminata de meditación a través de los senderos de la Granja Blackberry.

En mis caminatas silenciosas, abro mi corazón con Jesús. Y él me abre el suyo.

Charles Ashworth, mientras Darrow lo guía suavemente hacia los misterios de su corazón, señala: «Sentí que mi imagen brillante comenzaba a ceder».

Esta es la labor de la oración.

CAPÍTULO SIETE

CONFIDENCIAS ÍNTIMAS

Dios me dio el don del lenguaje de oración en un momento de mi travesía espiritual en el cual estaba desesperado por convertir mi conocimiento de conceptos sobre Dios en un conocimiento personal de Dios. Como congregación estudiábamos Romanos capítulos 5 al 8, y mientras más ahondábamos en esta descripción clásica de la vida en Cristo, más me inquietaba. Pablo parecía describir una amistad íntima y empírica con Cristo de la cual yo sabía muy poco. El capítulo 5 me recordó que: «Dios ha derramado su amor en nuestro corazón por el Espíritu Santo».[1] Recuerdo haber predicado con entusiasmo que de la palabra «derramar» fue de donde obtuvimos la palabra «cascada». Yo voceaba: «Deberíamos experimentar el amor de Dios derramándose sobre nosotros como una cascada!», no obstante, esa no era mi experiencia.

El capítulo 6 me prometía que estaba unido con Cristo en su resurrección, lo cual siempre ha sido una de mis metáforas favoritas para la vida en Cristo; sin embargo, aún permanecía como solo una metáfora, una idea, y no como una realidad en mi experiencia. El capítulo 7 comienza comparando nuestra relación con Cristo a una unión matrimonial, ¿y el capítulo 8? Bien, el capítulo 8 me remató, pues Pablo describe la vida espiritual como una vida guiada por el Espíritu, una vida tan íntimamente ligada a Cristo que podría: «Clamar "¡Abba! ¡Padre!"», y escuchar la voz del Espíritu dándome testimonio de que en verdad soy hijo de Dios.[2] Pasamos dos años en estos cuatro capítulos. Una tarde, a la mitad de esta serie de conferencias, di una caminata por el bosque y clamé: «Dios, creo en tu Palabra, creo que lo que Pablo describe es lo que deseas para cada creyente; sin embargo está muy lejos de lo que conozco ¡Por favor, deja que lo que predico se transforme en lo que vivo!». Seguí dando esas caminatas y continué orando esas oraciones.

Una mañana, hacia el final de nuestro tiempo en Romanos 1, estaba de rodillas, ayunando y orando en una pequeña cabaña en la montaña. Mi anhelo frustrado de vivir lo que predicaba de Romanos semana tras semana solo se había intensificado. Oré: «Querido Jesús, quiero conocerte, quiero experimentar el tipo de cristianismo que Pablo describe en Romanos ¡no quiero solo saber de ti, quiero conocerte!».

De pronto, un río de palabras en un lenguaje que no conocía surgió de mi interior y brotó de mi boca en una riada de oración y alabanza. Yací en el piso, adorando y orando por espacio de lo que debieron ser dos horas antes de que el río disminuyera. Dios me había otorgado el don del lenguaje espiritual.

Desearía poder decirle que mi nuevo lenguaje de oración revolucionó mi vida espiritual y que de inmediato me transformó en un cristiano mejorado radicalmente; esto no ocurrió, pero este lenguaje de oración me ayudó a experimentar al Dios viviente, su Espíritu vivo oraba a través de mí. De alguna manera Dios no parecía tan distante, su Espíritu Santo estaba presente, orando a través de mí.

En su obra clásica *The Idea of the Holy* [La idea de lo sagrado], el teólogo alemán Rudolf Otto escribió que, aunque la verdadera religión comienza con el conocimiento racional de Dios, nunca debe terminar en ese estado. Él afirma que el corazón de la verdadera religión es una respuesta emocional a Dios, a lo cual llama *«mysterium tremendum»*. Al encontrar a Dios, el adorador siente un «estremecimiento místico» y una «sensación de vacuidad personal y una sumersión ante el objeto sobrecogedor que se experimenta en forma directa».[3] Toco este *mysterium tremendum* cuando oro en mi idioma espiritual. Este don ayuda a un hombre que vive de su mente a comenzar la lenta travesía hacia una fe sentida del corazón.

Pablo dice que cuando oramos de esta manera hablamos misterios a Dios. La palabra misterio, de la manera en que se usa en la Biblia significa secretos que ahora son revelados. Cuando oro en mi lengua espiritual, se abren cámaras secretas en mi corazón, cámaras que simplemente no puedo abrir con la llave de mi mente.

JESÚS Y PABLO EN EL LENGUJE ESPIRITUAL

Pablo practicaba dos tipos de oración:[4] con el espíritu, pero también con el entendimiento. Obviamente, orar con el entendimiento es el tipo de oración que describimos en el último capítulo; pero ¿qué es orar con el espíritu? Pablo llama «orar en lenguas» a este tipo de oración.[5]

Pablo dice: «Porque el que habla en lenguas no habla a los demás sino a Dios ... Habla misterios por el Espíritu».[6] Cuando oramos en lenguas, oramos «misterios» a Dios, usamos palabras espirituales que nuestra mente no comprende. Ya que la palabra «lengua» significa literalmente «idioma», en la actualidad, muchos describen el orar en lenguas como orar en su idioma espiritual o en su lenguaje de oración. Un idioma de oración es un don espiritual concedido por el Espíritu Santo a algunos creyentes con el fin de ayudarlos a orar.[7] Cuando una persona recibe un lenguaje de oración, recibe la habilidad de orar en un idioma espiritual. A Pablo le agradaba mucho orar con este lenguaje espiritual, observe lo que dice acerca de este don espiritual:

> El que habla en lenguas no haba a los demás sino a Dios.[8]
> El que habla en lenguas se edifica a sí mismo.[9]
> Yo quisiera que todos ustedes hablaran en lenguas.[10]
> Doy gracias a Dios porque hablo en lenguas más que todos ustedes.[11]
> No prohíban que se hable en lenguas.[12]

Cuando oramos en lenguas, oramos «misterios» a Dios.

El nuevo testamento no habla mucho acerca de la espiritualidad personal de los creyentes del siglo primero, pero encontramos una pista de que muchos de los primeros creyentes pudieron haber tenido el don del lenguaje espiritual, en los versículos finales del Evangelio de Marcos, en los cuales Jesús dice que sus seguidores: «Hablarán nuevas lenguas».[13] Muchos eruditos no creen que los versículos finales del Evangelio según Marcos estén en los manuscritos originales, muchos creen que la Iglesia los añadió a principios del siglo segundo. Esto podría significar que, la primera Iglesia creyó un siglo después de la muerte y resurrección de Jesús que orar con un lenguaje espiritual era una parte normal de la espiritualidad personal. De acuerdo con Gordon Fee, especialista en el Nuevo Testamento: «Orar de esta manera era la experiencia común y cotidiana de la primera iglesia».[14]

Consuelo para una vida

Orar en un lenguaje espiritual se está volviendo una experiencia común y cotidiana para muchas personas con las que camino en la vida. De la misma manera en la que los cónyuges no comparten con otras personas las intimidades de la alcoba, la mayoría de las personas que conozco no hablan demasiado sobre su experiencia con el lenguaje espiritual; es demasiado privado. Por lo general, cuando llegan a hablar al respecto es por que les he pedido que me ayuden a entender mejor este don con el fin de poderlo explicar a otras personas. Encuentro un equilibrio refrescante en la manera en la cual las personas de nuestra iglesia se aproximan a este don. Se percibe al lenguaje espiritual como sencillamente uno de muchos dones que da el Espíritu para ayudarnos a servir y a conocer al Hijo.

Della, miembro de nuestro equipo, recibió el don del lenguaje espiritual varios meses después de perder a su esposo Dick a causa del cáncer. Una mañana, mientras pasaba frente a su escritorio de camino a mi oficina, Della me preguntó: «¿Puedo compartir algo contigo?». Nos pusimos al día de cómo estaba manejando la muerte de Dick, los meses que siguieron al funeral fueron estériles y atemorizantes. Della expresó tranquilamente: «Después de que Dick murió, yo quería morir, nada tenía significado, ya no tenía ninguna razón para continuar». El oscuro duelo de Della se convirtió gradualmente en un anhelo desesperado por Dios. Ella recuerda: «Comencé a sentir un hambre de Dios que solo crecía y crecía, nunca había sentido nada así».

Una tarde, el hambre se volvió tan intensa que Della condujo hasta la casa de una amiga y le pidió que orara. Su amiga le preguntó qué quería y ella respondió: «Quiero tanto de Dios como él me permita», después cerró los ojos mientras su amiga oraba. «Comencé a alabar al Señor, primero en inglés, y después, poco a poco con nuevas palabras. Más tarde, esa noche, las palabras simplemente fluían».

El lenguaje espiritual de Della ha desempeñado un papel importante en ayudarla a superar su dolor por la muerte de Dick. Ella explica: «Orar de esta manera me ha ayudado a llenar el vacío que tuve tras la partida de Dick. Ahora Dios es mi esposo, mi lenguaje de oración me ha ayudado a entrar en una intimidad mucho mayor con él».

EL LENGUAJE ESPIRITUAL Y LA LIBERACIÓN DE LAS EMOCIONES

Hablar en lenguas también nos ayuda a liberar en oración emociones enterradas en lo profundo de nuestro interior. Pablo prometió que: «En nuestra debilidad el Espíritu acude a ayudarnos. No sabemos qué pedir, pero el Espíritu mismo intercede por nosotros con gemidos que no pueden expresarse con palabras».[15] Los estudiosos no están de acuerdo si Pablo se refiere al lenguaje espiritual en este verso. Sin duda, toda oración es asistida por el Espíritu, y podemos tener la confianza de que él está ansioso de ayudar a cualquiera que busque ayuda en oración sin importar el que posean o no el don del lenguaje espiritual.

Si Romanos 8:26-27 no se refiere de forma exclusiva a orar con un lenguaje espiritual, definitivamente incluye a este tipo de oración. He encontrado que hablar en lenguas nos ayuda a liberar en oración partes de nuestro mundo interno hacia Dios, las cuales son difíciles de manifestar en nuestro idioma.

Richard nos pidió a Sandi y a mí que oráramos por él una noche ya que hacía tiempo que sufría de fatiga y depresión. Él dijo: «No sé cual es mi problema, he recibido ayuda psicológica, sé cuales son mis problemas, pero simplemente parece que no puedo librarme de esto».

Después de un tiempo de adoración, le pedimos al Espíritu Santo que nos mostrara cualquier herida en el alma de Richard que no hubiese sanado correctamente, y que hubiera permitido que se estableciera una infección espiritual.

—Estoy con mi padre —susurró Richard describiendo el recuerdo que ahora estaba fresco en su mente—. Está agonizando, aun está vivo físicamente, pero está inconsciente.

—¿Cómo te sientes Richard?

—No lo sé, en realidad no siento nada.

Conforme pedimos al Espíritu Santo que ayudara a Richard a experimentar emociones más discernibles, él comenzó a llorar.

—¿Qué sientes ahora?

—Tengo ganas de gritar, estoy tan enojado, lo necesito, soy el menor, él es el único que me entiende.

El recuerdo sobrecogió a Richard, y el tiempo desapareció:

—¡Papá, papá! ¡No te vayas, no te vayas! ¿Quién estará ahí para mí? ¿quién me ayudará? ¡No puedes! ¡No puedes!

Un río de enojo se arremolinaba su interior, un río que debía liberarse y ser reemplazado con las aguas sanadoras del Espíritu. Sin embargo, este recuerdo había permanecido enterrado por tanto tiempo que Richard no podía liberarlo por completo.

—Richard, tú tienes un lenguaje de oración, ¿no es así? ¿Por qué no comienzas a orar? El Espíritu te ayudará a liberar en oración lo que necesites liberar.

Con reticencia, Richard comenzó a orar en lenguas. Las palabras salieron entrecortadas al principio, y después, como si una presa hubiera estallado en algún lugar de su interior, comenzó a fluir un torrente de palabras el cual llevaba consigo veinte años de dolor y enojo encerrados. Varios minutos después, la herida se había limpiado por completo e invitamos a Cristo a sanar este doloroso recuerdo de la vida de Richard.

Posteriormente, pregunté a Richard lo que experimentó mientras liberaba sus emociones a través del lenguaje espiritual. «Había enterrado esas emociones en lo profundo de mi ser, ni siquiera sabía que existían. Cuando comencé a orar, toda clase de emociones emergieron a la superficie, fue como si el Espíritu Santo limpiara todo, liberando toda la escoria que se encontraba ahí dentro».

UN CLAMOR POR SANIDAD

En muchas ocasiones quienes desean un lenguaje espiritual en realidad claman por una sanidad interna similar a la que Richard experimentó. Estoy aprendiendo a no orar porque alguien reciba este don tan pronto como lo pida; en cambio, pido al Espíritu Santo que primero le revele a la persona si algo obstaculiza la intimidad en su vida. Ellen pidió a varios de nosotros que oráramos por ella, pues llevaba algún tiempo buscando el don de lenguas y se preguntaba por qué Dios no había respondido sus oraciones. Le expliqué que la meta de nuestro tiempo de oración era sencillamente buscar lo que fuera que Dios tenía para ella y que le dejara a él la impartición de los dones. Ella estuvo de acuerdo y comenzamos a pedir al Espíritu Santo que dirigiera nuestro tiempo de oración.

—¿Qué está ocurriendo en tu interior, Ellen? Le pregunté tras algunos momentos.

Ellen se mantuvo en silencio por mucho tiempo antes de hablar.

—Mi esposo se divorció de mí hace diez años. Desde entonces, la intimidad me aterra, no puedo dar mi corazón a nadie, ni siquiera a Jesús, me duele demasiado.

Gradualmente, Ellen comenzó a revelar un profundo miedo a la intimidad que plagaba todas sus relaciones, incluyendo su

En muchas ocasiones quienes desean un lenguaje espiritual en realidad claman por una sanidad interna.

relación con Cristo. Pedimos a Jesús que sanara la dolorosa herida que su divorcio dejó y comencé a concluir el tiempo de oración creyendo que habíamos terminado. Oré una última oración por Ellen y entonces, sintiendo que ella aún se encontraba lidiando con algunos asuntos, le pregunté:

—¿Ya terminó el Espíritu Santo?

Ellen miró hacia arriba y sonrió.

—Él puso una frase en mi mente, ¿debo orarla?

Lo hizo y comenzó su propia travesía hacia el misterio del lenguaje espiritual. La travesía de Ellen, como la de muchos, fue mucho más que hablar en lenguas.

Ayuda en las batallas espirituales

Pablo dice que el Espíritu nos ayuda a orar cuando no sabemos que pedir. Con frecuencia, durante temporadas de intensa lucha espiritual siento que necesito orar, pero no sé exactamente por qué debo orar. Puedo discernir que el mal se avecina, pero no sé cual es la respuesta apropiada de oración. El lenguaje espiritual me ayuda a dirigir mis oraciones en batalla celestial cuando no puedo ver a mi enemigo. Experimento un tipo único de colaboración en este tipo de intercesión que me acerca al corazón del Padre.

Una tarde, el Espíritu me despertó y supe de inmediato que tenía que entrar en guerra de oración. Oré en voz baja en mi idioma al principio, despertando lentamente, pero inseguro de quién necesitaba oración. Mientras comencé a orar en mi lengua espiritual, tuve una visión clara de que uno de nuestros pastores y su familia estaban sufriendo tormento demoníaco. Me senté en la cama y oré con una intensidad considerable, las náuseas me invadieron, así como una pesadez palpable, pensé en ir al baño a vomitar, pero después me di cuenta de que esto era más consecuencia de la guerra espiritual que un mero problema físico. Después de veinte minutos, la sensación de peligro disminuyó y desapareció la oscuridad que sentía en mi propia alcoba. Este pastor me dijo que él y su esposa se encontraban en medio de una lucha desalentadora en el momento en el que sentí que debía orar por él.

George Mallote explica: «En la guerra espiritual, el lenguaje de la mente solo puede ... alumbrar muy poco. Con frecuencia orar en lenguas es un medio de luchar en contra de este evasivo y vago adversario. El Espíritu sabe lo que ocurre en la batalla y a través de las lenguas es capaz de conducir la intercesión adecuada».[16]

Pablo nos advierte que: «Nuestra lucha no es contra seres humanos, sino contra poderes, contra autoridades, contra potestades que dominan este mundo de tinieblas, contra fuerzas espirituales malignas en las regiones celestiales».[17] Posteriormente nos dice que libremos una lucha espiritual agresiva en contra de estas fuerzas oscuras con el uso de siete armas espirituales. Concluye su descripción de estos siete tipos de armas al encomendarnos: «Oren en el Espíritu en todo momento, con petición y ruegos».[18] La oración en el Espíritu es la séptima arma de guerra espiritual.

¿En verdad Pablo está hablando del lenguaje espiritual en este pasaje? De nuevo, los estudiosos están divididos. La oración de todo tipo inflige un enorme daño al enemigo. Podemos librar una guerra importante en las regiones celestiales orando con el entendimiento; sin embargo, no podemos evitar notar que Pablo usa aquí las mismas palabras de 1 Corintios 14 para describir la oración en lenguas. Al menos, el lenguaje espiritual es un tipo de oración de guerra. ¿Podría querer decir que el lenguaje en lenguas es un arma especial dada a las tropas para el combate celestial? Gordon Fee hace la observación: «Si eso nos sorprende a muchos fuera de guardia, a causa de que representa una parte muy pequeña en la vida de oración de la mayoría de las personas en la iglesia, es posible que no identifiquemos nuestra experiencia con la iglesia en la vida de Pablo».

Hace poco un equipo de nuestra iglesia viajó a Rumania para servir a un equipo de misioneros estadounidenses. Llegamos un día antes y condujimos al sitio donde daría una conferencia para poder descansar, orar y prepararnos. Mientras trabajaba en mis conferencias, en mi habitación de hotel, mi espíritu comenzó a inquietarse, sentí que se avecinaban problemas, aparté mis notas, tomé mi abrigo y salí para dar una caminata de oración. Oré por algunas promesas de las Escrituras pero sentí como si necesitara orar más, pero simplemente no sabía como orar. Comencé a orar en silencio en mi lengua de oración y continué caminando alrededor del hotel donde tendría lugar la conferencia. Llegó a mi mente una imagen de una gran pantera negra con enfadados ojos amarillos que acechaba el hotel, sentí que esta pantera representaba fuerzas demoníacas dispuestas en contra de los misioneros, después aparecieron una serie de barras frente a la pantera, las cuales evitaban que atacara.

Al reflexionar en esta imagen, sentí que Dios decía que las barras representaban oraciones y que la oración ferviente nos protegería del ataque espiritual. El resto de nuestro equipo afirmó lo anterior y añadió también haber sentido un intenso conflicto celestial. Enviamos un correo electrónico a nuestro equipo de oración en los Estados Unidos, quienes comenzaron a orar de inmediato. Despertamos la mañana siguiente y comenzamos la conferencia con una sensación de que el peligro había pasado y, con la advertencia de Pablo de que: «Nuestra lucha no es contra seres humanos, sino contra ... fuerzas espirituales malignas en las regiones celestiales», muy presente en nuestra mente. Dios había usado el don del lenguaje espiritual para protegernos del daño espiritual.

El lenguaje espiritual y la profecía

La mayor parte de los usos del lenguaje espiritual que hemos discutido tratan con nuestra vida de oración personal y privada, la cual parece ser la situación principal en la cual se usa este don. Sin embargo, el lenguaje espiritual puede servir en un sentido profético en reuniones de creyentes cuando Dios también da el don de interpretación.[20] El cuidado personal e íntimo de Dios por los detalles de nuestra vida puede tocarnos mientras él interviene en nuestro mundo a través de un mensaje profético en lenguas. Hablando de esta circunstancia, Pablo dice: «El que habla en lenguas pida en oración el don de interpretar lo que diga».[21] El lenguaje espiritual sin interpretación no está permitido en el servicio de adoración conjunto de la Iglesia ya que las palabras que no pueden entenderse no edifican al cuerpo, sin embargo, el lenguaje espiritual con interpretación sí lo hace.[22]

En ocasiones, la interpretación es una traducción línea por línea y palabra por palabra; sin embargo, la mayor parte del tiempo simplemente da una idea del significado. Los lingüistas llaman a esto comunicación «holofrástica». El lenguaje holofrástico ocurre cuando una sola palabra puede expresar una idea completa. Por ejemplo, cuando un niño pequeño dice: «Pelota», sus Padres saben que quiere decir: «Quiero la pelota roja del rincón».[23] Aparentemente ocurre un proceso similar cuando se interpreta una palabra dada en un lenguaje espiritual. La interpretación podría no equivaler exactamente en longitud con la palabra dada en lenguas.

En su libro *Chasing the Dragon* [Persiguiendo al dragón], una autobiografía apasionante acerca del ministerio juvenil en la infame ciudad prohibida de Hong Kong, Jackie Pullinger habla del ministerio profético notable y alentador del lenguaje espiritual interpretado, ella escribe: «Mientras orábamos recibí un mensaje en lenguas y uno de los muchachos comenzó a interpretarlo de inmediato ... no pudo haber leído la Biblia ya que tan solo llevaba algunos días de creer en Jesús antes de este suceso, pero su interpretación fue una cita clara y directa de los salmos 126 y 127. Estos niños espirituales pudieron decirme las palabras exactas que necesitaba en ese momento a través de la obra del Espíritu Santo».[24]

Antes de partir a mi año sabático para escribir, pedí a varios de mis amigos que oraran por mí. Compartí con ellos que anhelaba ese momento para escribir, pero sentía ansiedad en lo relativo a mi habilidad de expresar con palabras lo que Dios había puesto en mi corazón. Uno de ellos oró por mí en lenguas, después, Dios le otorgó la interpretación a alguien más: «He ungido tus manos para escribir». Esas palabras me ministraron una y otra vez durante esos largos días en los cuales escribía. Ellos cumplieron el propósito de la profecía: fortalecer, consolar y dar ánimo a mi corazón.

EL LENGUAJE ESPIRITUAL Y LA ALABANZA

El lenguaje espiritual también nos brinda una nueva manera de expresar la alabanza a Dios. Pablo habla de cantar con el espíritu y después añade que también se debe cantar con el entendimiento.[25] Cantar con el Espíritu es similar a orar con el Espíritu, pues no solo podemos cantar con nuestro lenguaje espiritual sino que también podemos orar con este don. Se aplican las mismas reglas para la adoración conjunta en la iglesia, así que es de suponerse que la expresión natural para cantar con el Espíritu es en nuestra vida personal de oración. Quizá esta es una de las maneras en las cuales podemos seguir la instrucción de Pablo de cantar «salmos, himnos y canciones espirituales a Dios, con gratitud de corazón».[26] Toda canción de adoración es de naturaleza espiritual y de igual manera lo son las canciones del Espíritu, a través de las cuales alabamos a Dios con nuestro lenguaje espiritual.

Padezco una discapacidad musical y no puedo leer música ni recordar muy bien las letras, me es difícil cantar alabanzas o himnos cuando estoy solo ya que con frecuencia no recuerdo las palabras; no obstante, puedo cantar en el Espíritu, sencillamente comienzo a cantar en mi idioma espiritual. Una melodía emerge, y las notas comienzan a deslizarse hacia arriba o hacia abajo en la escala musical como una mariposa despreocupada que revolotea sobre un prado estival. Extraordinariamente, ¡esto es lo más cerca que llego a cantar afinado!

EL PODER SANADOR DE LAS PALABRAS ESPIRITUALES

El lenguaje está vivo y posee poder espiritual. Cuando Isaac dio a Jacob las palabras de bendición, no pudo retractarse, sin importar lo mucho que deseara bendecir con ellas a Esaú. Habían escapado de sus labios y ahora tenían vida propia. En la Biblia, las palabras de bendición y de maldición eran cuestiones de enorme relevancia, pues tanto las unas como las otras podían cambiar la vida para siempre. Derek Prince afirma que las palabras son «vehículos de poder espiritual y sobrenatural».[27]

Esto es igualmente cierto con las palabras del lenguaje espiritual. Se libera un poder espiritual importante cuando oramos por alguien con nuestro lenguaje espiritual y tales oraciones pueden liberar un río de palabras espirituales, un río dador de vida que refresca y limpia un alma cansada.

Con frecuencia se pregunta: «Pero, ¿no es cierto que el lenguaje espiritual necesita interpretación cuando se ejerce en público?». Para responder a esto, debemos recordar el propósito de Pablo para escribir 1 Corintios. La ubicación es un servicio público de adoración, en el cual no quiere que alguien se levante y hable en un lenguaje espiritual que nadie pueda comprender ya que un servicio de adoración es un lugar de inteligibilidad; también, le preocupaba ser sensible con los no creyentes, pues no deseaba que un invitado entrara y dijera: «Están locos».[28]

No es difícil ver por qué está prohibido el lenguaje espiritual sin interpretación en el servicio público. Sin embargo, la situación que describo es muy diferente, hablo de estar sentado en mi sala de estar con un amigo, o reclinado en la cama con uno de mis hijos u orando en el sofá con mi esposa; todas las anteriores son situaciones completamente diferentes de las que habla Pablo en 1 Corintios 14. En algunas de estas circunstancias el Espíritu puede llevarnos a interceder en lenguas por un amigo y la interpretación no es necesaria. El espíritu no desea hablar a nuestras mentes, simplemente quiere orar a través de nosotros por una de sus ovejas cansadas para interceder «por nosotros con gemidos que no pueden expresarse con palabras». Encuentro muy refrescante esta ministración de la oración, en especial durante tiempos de desánimo y cansancio. Cuando un amigo ora, puedo sentir un poder espiritual que se derrama sobre mí, que me restaura y baña mi alma seca y sedienta.

El lenguaje está vivo y posee poder espiritual.

Ha sido difícil encontrar palabras que describan esta forma de ministración del Espíritu Santo. Una tarde, leía a el libro de Tolkien *La comunidad del anillo* a mis hijos cuando me encontré con un pasaje que se aproxima a lo que es ser ministrado por alguien que ora en lenguas más que cualquier otra cosa que haya leído. Frodo descansa «solo y desdichado» en Rivendell, cuando escucha la hermosa lengua de los elfos.

Al principio, lo hechizó la belleza de las melodías de las palabras entretejidas en la lengua elfa en cuanto comenzó a prestarles atención, aunque las entendía poco. Parecía casi como si las palabras tomaran forma, y se abrieron ante él visiones de tierras lejanas y objetos brillantes que jamás había imaginado, y la sala iluminada por el fuego se volvió cual una niebla dorada sobre mares de espuma que susurraban sutilmente hasta los bordes del mundo. Entonces, el encantamiento se volvió más y más como un sueño, hasta que sintió que un río infinito colmado de oro y plata fluía sobre él, un río demasiado profuso como para que se comprendiera su caudal, el cual se volvió parte del aire vibrante sobre de él, lo empapaba y lo ahogó. Rápidamente, se hundió bajo su peso brillante hasta el profundo dominio del sueño.[29]

La descripción de Tolkien, ricamente elaborada es una experiencia que identifico con la mía.

¿DEBEMOS BUSCAR EL DON DEL LENGUAJE ESPIRITUAL?

Encontramos una cierta tensión en las Escrituras conforme buscamos una respuesta a esta pregunta. Por un lado, Pablo pregunta: «¿Hablan todos en lenguas?».[30] Es claro que la respuesta que espera es: «No». La idea fundamental de 1 Corintios 12 es que hay muchos dones diferentes en el cuerpo de Cristo, los cuales distribuye soberanamente un Espíritu sabio y amoroso, no debemos esperar que todos poseamos el mismo don.

Por otro lado, Pablo también dice: «Yo quisiera que todos ustedes hablaran en lenguas».[31]

¿Cómo resolvemos este conflicto? Creo que si usted no desea el don del lenguaje espiritual no lo recibirá, si desea este don, quizá lo reciba. Creo que el Espíritu Santo coloca un deseo por este don en los corazones de algunos y no en los corazones de otros. ¡Debemos dar a los demás la libertad de no buscar este don! No es necesario que todos oremos de la misma manera. Esta es la belleza de la diversidad en el cuerpo de Cristo. No deben sentirse condenados ni juzgados los cristianos que sencillamente no tengan ningún deseo por este don. El estudio de la Biblia y la oración son mandatos bíblicos; hablar en lenguas no lo es.

¿Qué debe hacer si desea un lenguaje espiritual? Comencemos recordando aquello que no decimos. *No* decimos que el lenguaje espiritual sea la evidencia esencial de estar llenos con el Espíritu, no decimos que el idioma espiritual cambiará su vida por completo, y *definitivamente no* decimos que el creyente no pueda tener una vida de oración activa y poderosa sin este don. Lo que afirmamos es que el idioma espiritual es una de varias disciplinas espirituales que ha ayudado a muchos a fortalecer su relación de amor con Dios.

La creatividad del Espíritu Santo al obrar en sus hijos es única, por ello, cualquier intento de normar la obra del Espíritu (decir: «Él siempre trabaja así») es una indicación clara de que nos dirigimos hacia los problemas. ¡El Espíritu es soberano! Él otorga los dones espirituales «según él lo determina».[32] Algunos reciben este don en privado (como yo), otros, lo reciben mientras otros oran por ellos, he llegado a conocer creyentes que despertaron a mitad de la noche orando en su nueva lengua.

Sin embargo, por lo general se sigue una pauta distinguible cuando recibimos el don de una lengua espiritual.

Pide

Comenzamos pidiendo. En muchas ocasiones, quien se ha enterado de este don dice: «Bien, estoy abierto, Dios puede darme lo que quiera, no lo detendré». Sin embargo, Pablo nos insta en las palabras que abren un capítulo entero que trata del lenguaje espiritual: «Ambicionen los dones espirituales».[33] Debemos comenzar pidiendo, pues casi siempre buscar y pedir anteceden a la bendición espiritual.

Habla

La mayoría de las personas deben dar un paso de fe cuando reciben su lengua de oración. Comienza orando por fe, confiando en que Dios llenará tu boca con nuevas palabras. Con frecuencia, Dios te dará una palabra o una frase corta, tú eres el único responsable de hablarla. Este es el comienzo de un nuevo vocabulario para ti, pues como un niño, estás aprendiendo un nuevo idioma. Puedes orar con esta frase durante semanas hasta que el Espíritu Santo expanda ese vocabulario.

En otras ocasiones, Dios dará un flujo constante de palabras al principio. Sea como sea, no puedes permanecer pasivo esperando que Dios te mueva, él siempre nos invita a unirnos a él con fe en lo que hace.

Relájate

Si no recibes el don, relájate, no intentes forzarlo, y definitivamente no creas la mentira de que quizá Dios no te ama por no responder de inmediato a tu oración. Con frecuencia retrasa su respuesta a nuestras oraciones por causas que solo él conoce. Si esto continúa siendo un deseo de tu corazón, persevera.

Practica

Como una lengua normal, la lengua espiritual requiere una práctica constante para desarrollarse. Pasé dos años estudiando griego en el seminario, pero no lo he estudiado desde entonces, ahora he olvidado la mayor parte de él, no es posible progresar en un idioma sin usarlo con frecuencia. A menudo, las personas reciben un lenguaje espiritual, dejan de usarlo por años y después lo desdeñan, descartando su importancia con un amable: «No hizo mucho por mí». Ningún idioma es útil si nunca lo usamos, la lengua espiritual no es diferente, debe cultivarse con frecuencia si queremos que crezca.

COMUNÍCALE A TU AMADO LO QUE HAY EN TU CORAZÓN

Oramos con el entendimiento, y también con el espíritu.

George Buttrick estaba en lo correcto cuando dijo que la oración es amistad. Fortalecemos la amistad con nuestro amado amigo al escuchar lo que hay para nosotros en su corazón y al compartir el nuestro con él. Pablo nos dice cómo vivificar nuestra relación con Dios: la oración. Oramos con el entendimiento y también con el espíritu.

CAPÍTULO OCHO

LA PARTICIPACIÓN
DE SUS SUFRIMIENTOS

En una ocasión un amigo, psicólogo y yo nos hospedamos en la misma habitación durante un congreso, él es un hombre muy sabio y ha ganado reputación como uno de los mejores consejeros matrimoniales de la ciudad. Hablamos mucho tiempo después de que apagamos las luces, arruinando con ello toda esperanza de mantenernos despiertos durante las conferencias del día siguiente.

—¿Cuál es el problema más devastador que has visto en los matrimonios? –pregunté a mi soñoliento amigo, intentando exprimirle solo algunas ideas más antes de que sucumbiera ante el sueño.

—La desilusión –dijo, sin siquiera hacer una pequeña pausa para pensarlo–. No sabemos que hacer cuando nuestra pareja nos decepciona.

Todo matrimonio que permanece debe lidiar con la decepción en algún momento, después de todo, somos personas caídas y defectuosas, y nadie sabe eso mejor que nuestra pareja.

Sandi me ama profundamente, creo que en verdad ella es *para* mí, ella cree en mí, disfruta de aquello que hay en mí que glorifica a Dios, hace sacrificios personales para que pueda cumplir con el llamado de Dios en mi vida, y está orgullosa de mí. Sin embargo, también está decepcionada. Mientras nos acercamos al fin de nuestra segunda década de matrimonio, ella puede ver «la letra chica del contrato», sabe que se ha casado con un hombre que ama más a su ministerio que a su familia, que expresa sus sentimientos y emociones con mayor elocuencia desde un púlpito que en una cena a la luz de las velas; que continuamente pierde sus llaves, su billetera, su agenda y hasta de vez en cuando a algún niño en un centro comercial abarrotado; alguien que no podría colocar derecho un papel tapiz aunque su vida dependiera de ello.

Si escarbas el tiempo suficiente como para llegar bajo la superficie de cualquier matrimonio, encontrarás decepción. Lo que hacemos con esa decepción es lo que determina la salud a largo plazo de nuestro matrimonio. Muchos permiten que las desilusiones sumadas de la vida matrimonial se acumulen, dejando un residuo de amargura y enojo que cubre sus almas; de forma gradual, o súbita; se pierde el respeto, la confianza se erosiona, ladrillos de silencio, de horarios exigentes e incredulidad forman un muro entre antiguos amantes, y la intimidad se pierde para siempre.

Los matrimonios maduros y saludables que dan vida no carecen de decepción, los matrimonios saludables surgen de los corazones de personas que han aprendido cómo hacer que las decepciones que encuentran entre sí los lleven primero a Dios y después al otro.

Casi raya en la irreverencia sugerir que también Jesús puede decepcionarnos –y que manejar la desilusión con nuestro Amante eterno es una de las tareas más importantes en la formación del alma– pues, finalmente Jesús nunca nos falla. Jesús es el hijo perfecto de Dios y nunca es nada menos que todo lo que necesitamos que sea.

Sin embargo, la vida es difícil, y en ocasiones no creemos que Jesús se preocupe cuando clamamos a él en medio de nuestro sufrimiento. El silencio del cielo es aterrador, ensordecedor por el hecho de que no escuchamos nada en absoluto. Los profetas del Antiguo Testamento eran hombres de gran fe que enfrentaron con valentía sus propias decepciones con Dios, al lanzar duras preguntas a los cielos y no siempre obtener respuestas.

Habacuc clama: «¿Por qué me haces presenciar calamidades»,[1] El profeta Jeremías se pregunta: «¿Por qué prosperan los malvados?».[2] El rey David, cuyo amor por Dios solo era comparable con su desilusión hacia él, gritó hacia un cielo vacío: «¿Hasta cuándo, oh Dios, se burlará el adversario? ¿Por siempre insultará tu nombre el enemigo? ¿Por qué retraes tu mano?»[3] Un antiguo profeta bíblico reclama: «¿Por qué escondes tu rostro?»[4]

En nuestra mente sabemos que Dios es bueno, sabio y fuerte, creemos que ni siquiera una paloma cae a tierra sin que lo sepa; sin embargo, cuando se desata el caos irracional y sin sentido en nuestra vida, no podemos evitar preguntarnos: «¿Dónde está Dios?». En ocasiones la brecha entre el dolor personal y la promesa bíblica se vuelve tan espantosamente amplia que ningún puente parece capaz de franquearla.

Philip Yancey escribió el libro *Disappointment with God* [Desilusión de Dios], en respuesta a cientos de cartas que recibió tras escribir *Cuando la vida duele: ¿Dónde está Dios cuando sufrimos?* En ocasiones, quienes escribían las cartas narraban angustiosas historias de tragedias sin sentido que habían sacudido el centro mismo de su fe, pero casi con la misma frecuencia, la persona que luchaba con la desilusión divina tenía preocupaciones más banales. Yancey se encontró en esta segunda categoría de la cual escribe:

«He encontrado que las decepciones menos importantes tienden a acumularse con el paso del tiempo, minando mi fe con un pesado flujo de duda. Comienzo a preguntarme si a Dios le interesan los detalles cotidianos, si le intereso. Me siento tentado a orar con menos frecuencia, concluyendo por adelantado que no hará ninguna diferencia».[5]

Pocas amenazas a la vida espiritual son más peligrosas que la decepción con Dios. Podemos despertar de estas noches oscuras del alma para encontrar una muralla que rodea nuestros corazones, si Dios no nos protege, lo haremos nosotros mismos. La confianza se deteriora, la pasión mengua, y otros dioses capturan nuestra atención, dioses que podemos tocar, probar y sentir cuando sufrimos.

Sin embargo, la desilusión de Dios no tiene por qué ser fatal. Una de las grandes ironías de nuestra fe es que podemos llegar a conocer a Dios de una manera más íntima al buscarlo incesantemente durante las noches oscuras de nuestro dolor. Los profetas, salmistas y reyes citados anteriormente, no se quedaron en la incredulidad existencialista, dejaron que sus dolorosas preguntas los llevaran más profundamente al corazón de Dios.

¿Cómo puede ayudarnos la desilusión a tener una mayor intimidad con Dios en vez de una menor? Para responder a esto, debemos recordar la sabiduría de la paradoja. Parker Palmer nos recuerda: «La verdad no se encuentra al dividir al mundo en disyuntivas de «lo uno o lo otro», sino en incluir perspectivas diversas».[6] Tal paradigma nos permite llegar a un equilibrio en nuestras decepciones con Dios al liberarnos para obtener sabiduría tanto de las tradiciones evangélica y carismática [aunque ambas enfrentan la cuestión del sufrimiento de maneras muy diferentes], y en este asunto más que en cualquier otro, debemos poner especial atención a ambas. Debemos hacer a un lado la pereza de pensar de una manera tan limitada.

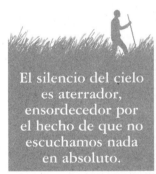

El silencio del cielo es aterrador, ensordecedor por el hecho de que no escuchamos nada en absoluto.

Los evangélicos nos recuerdan que en efecto el sufrimiento puede ser un regalo de Dios, un medio divino para ayudarnos a entrar a un encuentro de profunda intimidad con Cristo, como Pablo lo llama, «participar en sus sufrimientos». Los escritos evangélicos relativos al problema del dolor están llenos de testimonios de hombres y mujeres que han llegado a conocer a su Salvador de maneras increíblemente ricas al asirse de él a través de las enfermedades de la tragedia y el dolor.

Los carismáticos nos recuerdan que el sufrimiento también puede ser un ataque de Satanás y que Jesús acompañó con muchas sanidades su misterio de predicación. Así como el mendigo del templo bailó y cantó cuando

Cristo lo sanó a través de la oración de Pedro, también nuestros corazones están llenos de emociones cálidas de íntima gratitud cuando Jesús nos sana. Los escritos carismáticos rebosan de historias de los hombres y mujeres sanados que han clamado en fe y han sido librados de su aflicción por un Mesías que aún sana en la actualidad.

Parker Palmer explica: «En determinadas circunstancias, la verdad es una conjunción paradójica de opuestos aparentes. Si queremos conocer esa verdad, debemos aprender a aceptar los opuestos como si fueran uno».[7] Este es un buen consejo para nosotros al aceptar dos respuestas legítimas a una de las preguntas más difíciles de la vida: ¿Cómo puedo encontrarme con Dios en mi sufrimiento? ¿Oro para poder crecer durante mi lucha u oro para ser liberado de ella?

DOS TRAGEDIAS, DOS RESULTADOS

Tim se volvió cristiano en diciembre de 1993, se suicidó en diciembre de 1996.

Tim dio su corazón a Cristo después de haber visto sufrir a su mejor amigo Mark con la muerte de su bebé, Amy. Mark, un brillante joven padre de dos niños, que concluía un doctorado en inmunología me escribió esta nota un día después del funeral de Amy.

> Querido Doug:
>
> No puedo restar importancia al profundo sentimiento de desesperación que trajo la muerte de Amy. Mi carne se duele cuando pienso en lo que sería sostener su mano o verla en el pequeño vestido de navidad que le quedaba un poco grande, pero lo suficiente como para no poderlo usar el año pasado ... Sin embargo, en esta pérdida Dios nos ha inundado con su amor ... Durante los días más oscuros, cuando estábamos perdidos en el valle, Dios nos levantó y nos sacó de ahí. Conforme las palabras de Dios pasaban a través de ti en ese frío y gris día de diciembre [el día del funeral de Amy], tocaron a un hombre joven llamado Tim. Tim ha sido mi amigo más cercano desde los dieciocho años ... El mes pasado le pidió a Cristo que entrara a su corazón. El domingo tuvimos la oportunidad de dar una caminata a través de una tormenta de nieve en las Smokies, fue un día espléndido. Durante el transcurso de nuestra caminata hablamos profundamente de las maravillas de la creación de Dios, de su gran amor por nosotros, del milagro de la corta vida de Amy y de las lecciones que nos enseñó. A Tim le falta un largo camino que recorrer en cuanto al entendimiento de la victoria que Cristo ganó en la cruz; pero, como me lo dijo en el camino, al haber experimentado el poder

redentor de Dios, jamás podrá regresar. Dios tiene una larga obra que realizar en Tim, ¿podrías mantenerlo en tus oraciones?

Hace algunos meses Mark me envió una nota que informaba del suicidio de Tim explicándome parte de la historia que llevó a ese suceso. La gracia de Cristo había tocado a Tim, pero una relación terrible con su familia, un divorcio doloroso, presiones financieras y una autoestima destrozada lo llevaron a la desesperación. Tim intentó desesperadamente asirse a las promesas de Dios durante sus tres años como creyente; cuando encontraron su cuerpo, su mano sostenía una lista de promesas bíblicas que Mark le había enviado años atrás. Sin embargo, el precipicio entre las promesas y el dolor se extendió aún más, y finalmente Tim se precipitó en él. Algunas horas después de firmar los papeles del divorcio, Tim limpió su habitación y después se disparó en la cabeza con un arma de alto calibre.

Mark me envió la nota suicida de Tim en su última carta:

Los perros reciben 3 tazas por la mañana y 3 por la tarde; muchas galletas en los paseos. Cambiar H_2O cada 3-4 días. Son buenos perros.

Desenlace:

Mi razonamiento detrás de esta decisión puede resumirse en la siguiente cita: «La vida no significa mucho más que lo que el zorzal dijo al caracol apenas antes de tirarlo sobre la roca: "Levántate flojo"».

Por favor sepan que tomé esta decisión en agosto y que traté de llevarla a cabo cuando el divorcio fuera definitivo, nada o nadie pudo haberme disuadido de esta intención. No defiendo esta elección, estoy equivocado ...

Ustedes saben si los amé, gracias por amarme; yo simplemente no pude amarme.

Aquellos que lo necesiten... aprendan de esto.

Creo en ustedes.

Dos tragedias, dos cartas, dos resultados muy diferentes. Ambos hombres conocían el aguijón del sufrimiento, ambos oraron a un cielo que permaneció callado, ambos tenían sus propias razones para estar decepcionados con Dios; sin embargo, Mark se encontró con Jesús en la muerte de su hija, Tim se enredó en su propia desesperación... y perdió de vista a su Salvador.

MIENTRAS TANTO, ¿DÓNDE ESTÁ DIOS?

Tim no es el primero en sufrir de una enfermedad del alma a causa del sufrimiento. C.S. Lewis, cuya propia fe casi se derrumba en la desesperación de su propio dolor, se quejó: «Mientras tanto, ¿dónde está Dios? ... Vas a él cuando tu necesidad es desesperada, cuando cualquier otra ayuda sería vana, y ¿qué encuentras? Una puerta que se cierra en tu cara, y dentro el sonido de una vuelta a la cerradura y de una segunda vuelta. Después, el silencio. Bien podrías dar vuelta e irte».

Sin embargo, Lewis no se apartó, con el tiempo su historia de encontrar a Dios en medio del sufrimiento se ha vuelto un relato clásico de cómo un hombre transformó su decepción con Dios en una comunión más profunda con él.

LA PARTICIPACIÓN DEL SUFRIMIENTO COMPARTIDO

He experimentado dos temporadas de sufrimiento en mi vida. Bryden pasó nueve días en un hospital infantil tras una cirugía para extirpar de su riñón un tumor de 1.3 kg. En el sótano del hospital, se encuentra escondida una capilla interreligiosa. Dios y yo tuvimos muchas conversaciones acerca del sufrimiento en esa pequeña capilla. Cada vez que me arrodillaba en la habitación difusamente iluminada, llegaba a las palabras de Pablo en Filipenses 3:10: «A fin de conocer a Cristo, experimentar el poder que se manifestó en su resurrección, participar en sus sufrimientos y llegar a ser semejante a él en su muerte».

El sufrimiento crea un tipo especial de participación con Cristo. Cuando ante él estamos tan quebrantados que no tenemos otro lugar a dónde dirigirnos, obtenemos proximidad, cercanía, unión íntima. Experimenté esa cercanía durante mis tiempos en la capilla del hospital infantil. El viernes posterior al diagnóstico de Bryden, tenía programado hablar en un banquete para nuestros líderes, esa noche, cuando me levanté para hablar, olvidé casi todo lo que se suponía que debía decir, agradecí a nuestro equipo por orar por nosotros y dije: «Todo lo que se es esto: La cuerda resiste». Cuando fue mi turno de estar desolado en el crisol del sufrimiento, no significaron nada todos los libros de mi biblioteca que trataban acerca del problema del dolor y de la teología del mal, todo lo que sabía era que la cuerda de la fe era lo que me sostenía, estaba participando de los sufrimientos de mi Señor y nunca antes ni después de ello me sentí más cerca de él.

Nuestra temporada de Asamblea Solemne fue una temporada de sufrimiento mucho más difícil. Dios parecía haber abandonado su cargo, la confusión reinaba, no podía escuchar la voz de Dios, y en ningún momento durante esa temporada experimenté la presencia cálida y consoladora de un tierno pastor. La presencia y el poder de Satanás me parecieron mucho más reales durante esos días de tribulación en nuestra iglesia. Luchaba contra el miedo y el desánimo, las lágrimas fluían casi sin ninguna razón. Comencé a caminar encorvado, me parecía estar erguido. En cada ocasión que creí haber escalado la última colina, debíamos subir una nueva. No era que la cuerda no soportara, simplemente no podía encontrar la cuerda en lo absoluto.

Con lo terrible que fue nuestra lucha contra el cáncer, una dulzura llegó con la lucha, sentí que el pastor me llevaba. El difícil año en la iglesia no tuvo ninguna dulzura, ninguna sensación cálida de cercanía espiritual, solo dolor.

Sin embargo en la actualidad, mientras veo en retrospectiva esa situación difícil, veo claramente la mano escondida de Dios. Ahora veo que nos hallábamos en una intensa batalla espiritual de la cual dependía el futuro de nuestra iglesia. Parecía que Dios y Satanás habían hecho un trato similar al que hicieron con respecto a Job. Satanás parecía tener permiso de atacarnos, aun cuando parecían haberse retirado los consuelos normales de la presencia de Dios. Ahora veo que Dios nos preguntaba: «¿Confiarán en mí? ¿Creerán en mí aún cuando no puedan sentirme ni verme? ¿Creerán en mi poder de liberar cuando el poder destructor de Satanás parezca mucho más real?».

Llegamos a conocer a nuestro Dios de una manera más íntima durante estos tiempos de fe desnuda, cuando lo que vemos y sentimos no tiene coherencia con lo que decimos que creemos. Afortunadamente respondimos sí a esas difíciles preguntas que Dios tenía para nosotros y seguimos caminando, confiando y teniendo esperanza cuando parecía no haber razón de tenerla en que Dios libraría nuestra iglesia de una desagradable escisión de relaciones. En más de una ocasión leí al profeta Habacuc durante esos largos días. Habacuc

Todo lo que sabía era que la cuerda de la fe era lo que me sostenía.

cierra su profecía con una oración en la cual confiesa su terror extremo al darse cuenta de que el juicio de Dios está sobre de él. Nada que sus ojos pudieran ver inspiraba a la fe, todo le decía que Dios había dejado a Israel para siempre. Sin embargo, Habacuc elige tener confianza de todas maneras, expresando su fe en estas palabras atemporales:

> Aunque la higuera no de renuevos, ni haya frutos en las vides; aunque falle la cosecha del olivo, y los campos no produzcan alimentos; aunque en el aprisco no haya ovejas ni ganado alguno en los establos; aún así yo me regocijaré en el SEÑOR, ¡me alegraré en Dios, mi libertador![9]

CUANDO NO PUEDES VER LA CUERDA

El teólogo Danés Soren Kierkegaard, comparó en una ocasión a la fe con un salto en la oscuridad. Nunca me ha gustado esa definición, ya que la fe cristiana está cimentada en la realidad histórica de la vida, muerte y resurrección de Cristo. Sin embargo, en ocasiones sentimos como si debiéramos saltar hacia el vacío y asirnos de una cuerda que no podemos ver. Estos tiempos de fe desnuda se encuentran en la experiencia a años luz de distancia de los momentos tiernos en los cuales el Buen Pastor nos lleva a través del valle de nuestros miedos. Estas noches oscuras del alma son de igual importancia en nuestra jornada en la búsqueda de Jesús, nos enseñan que él siempre está presente, aun cuando no podemos verlo, sentirlo o escucharlo.

Hace varios domingos, disfrutábamos de un servicio excepcional de adoración. Como dirían los puritanos, la presencia de Dios era densa entre nosotros. La pasión por predicar había regresado a mí una vez más, habíamos tenido una semana completa y satisfactoria de trabajar bien, juntos como un equipo; y comenzaban a surgir nuevos ministerios. Mis ojos se llenaron de lágrimas mientas reflexionaba en dónde había estado apenas un año atrás, Dios nos había liberado. Disfrutamos aun más de la dulzura de su presencia entre nosotros después de haber sufrido por la ausencia de su presencia tan solo un año atrás.

En las palabras finales del libro épico que relata su propia travesía a través del sufrimiento, Job admite: «De oídas había oído hablar de ti, pero ahora te veo con mis propios ojos».[10] Job salió del sufrimiento a la intimidad con su Dios, jamás recibió buenas respuestas para sus preguntas legítimas, todo lo que recibió fue una comunión más profunda con su Creador, y eso fue suficientemente bueno para él.

He visto cientos de hombres y mujeres cristianos que han caminado a través del valle de la sombra de muerte y del dolor, la mayoría de ellos emergen de las sombras con una relación significativamente más íntima con Dios; no obstante, no todos lo hacen, algunos nunca dejan las sombras. Un común denominador se puede encontrar en aquellos que encuentran a Cristo en su sufrimiento: una disposición a escoger confiar cuando todo en la vida afirma que no habría por qué. El rasgo esencial que encuentro en quienes pasan por un sufrimiento redentor, es una disposición humilde de dejar una pregunta sin responder, y una decisión clara de creer que Dios es bueno aún cuando la evidencia afirma lo contrario. Quienes permiten que su decepción con Dios profundice su amor entenderán lo que quiso decir Martín Lutero cuando escribió: «No resientas la aflicción, es por tu bien. La aflicción te enseña a experimentar y entender lo fieles verdaderas y poderosas que son las palabras de Dios. Yo mismo debo muchos agradecimientos a mi adversario por golpearme y atemorizarme ya que estos dolores me han hecho voltear a Dios ... llevándome a una meta que acaso nunca hubiese alcanzado».

ACOGE LA PARADOJA DEL DOLOR

Una de las paradojas del dolor es que Dios no provoca el mal, sino que lo usa soberanamente para acercarnos más a él. Los personajes de la Biblia no parecían tener tanto problema en acoger esta paradoja como nosotros.

José entendió este misterio, él dice a los hermanos que lo vendieron a la esclavitud: «Ustedes pensaron hacerme mal, pero Dios transformó ese mal en bien para lograr lo que hoy estamos viendo».[11] Pedro no se inmuta cuando dice a los judíos que Jesús: «Fue entregado según el determinado propósito y el previo conocimiento de Dios; por medio de gente malvada, ustedes lo mataron, clavándolo en la cruz».[12] Los clavos colocados en las manos y los pies de Cristo fueron las armas mismas que Dios usó para librar de pecado al mundo, esto debió haber sido lo que Pablo pensaba cuando escribió: «Sabemos que Dios dispone todas las cosas para el bien de quienes lo aman».[13]

La desilusión con Dios se transforma en una intimidad más profunda con él solo cuando elegimos vivir dentro de este misterio. ¿Dios provocó el mal que ha afrentado mi vida? No. ¿Dios puede usar este mismo mal para llevarme a participar de sus sufrimientos? Sí.

Estas son las lecciones de la Biblia, pero, ¿funcionan de esta manera en la vida real? Decidí averiguarlo haciendo esta pregunta a dos familias que conozco, las cuales han sufrido más que la mayoría de nosotros.

BOB Y EILEEN

Bob es profesor en la facultad de veterinaria en la Universidad de Tennessee, es un hombre talentoso y amigable con un amor tanto por las personas como por los animales. Se describe a sí mismo como alguien que asistía simbólicamente a la iglesia, alguien que cumplió obedientemente con su hora de religión a la semana durante veinte años, pero que nunca recibió mucho de ello. Entonces, le diagnosticaron cáncer de mama a su esposa Eileen. Un año después del diagnóstico Se reunieron conmigo en mi oficina una ventosa tarde de viernes para hablar de cómo el cáncer había tocado su vida y su fe. Eileen, una madre de dos adolescentes con un muy buen revés en el tenis y una pasión para disciplinar niños se encontraba en medio de sus últimas dosis de quimioterapia cuando hablamos.

Me sentía algo nervioso mientras nos sentamos. Nuestra última conversación había sido breve (Eileen dijo haber cometido el error de encontrar un informe de su cáncer en la internet que no le daba muchas esperanzas de sobrevivir. ¿Cómo estaba lidiando con esto? ¿Estaba deprimida? ¿Enojada? ¿O había encontrado paz? Eileen se veía más delgada y cansada de lo que recordaba, sin embargo, sus ojos azules irradiaban paz interior. Una peluca oscura de buen gusto cubría la pérdida de cabello que conoce demasiado bien todo paciente de cáncer, ella y Bob sonreían al sentarse en el sofá de mi oficina. Ya que sonreían, sentí que la incomodidad me abandonaba.

Ella comenzó: «Una vez que superé la primera impresión, el Señor entró, fue una sensación extraña, sentí una verdadera cercanía con él. Había tristeza ... quizá no vería crecer a mis hijos, pero no he sentido miedo».

Bob tomó la mano de Eileen mientras ella continuaba: «Me sentí humilde y conmovida de que el Señor usaría mi cáncer de una manera tan poderosa».

No esperaba esta respuesta. Bob, viendo la expresión perpleja en el rostro de su pastor, agregó: «Nunca olvidaré estar sentado en la cama junto a ella pensando: "Mi esposa podría morir de esto" cuando ella dijo: "Robert, ocurrirán tantas cosas por esto, tú solo espera."» Él hizo una pausa, apretó la mano de Eileen y permitió que una ola de emoción lo inundara.

Bob continuó: «Dios estaba en esa habitación, lo sentí, fue un punto decisivo para mí en lo espiritual». Ahora Bob cree que nunca tuvo una relación genuina con Jesús en todos esos años de asistir a la iglesia. Dios usó el cáncer para acercarlo más allá de la religión a una relación más íntima consigo mismo.

Él recuerda: «En una ocasión le pregunté a Dios: "¿Por qué permitiste que Eileen contrajera cáncer?", y nunca olvidaré la respuesta, Dios dijo: «Porque necesitabas salvación». Ahora Bob ha sido cristiano por más de un año, tuve el gozo de bautizarlo un domingo no hace mucho. El sufrimiento ha seguido profundizando la comunión de Bob con su Salvador que sufrió. Me entregó un trozo de papel con la palabra «sufrimiento» escrita en la parte superior, debajo, hacía una lista de todas las maneras en las cuales Dios había usado el cáncer de su esposa en su vida.

El sufrimiento...

Me ha hecho miembro de una «fraternidad» con la cual no tenía experiencia previa.

Me ha enseñado cómo hablar y entender a los miembros de la «fraternidad de los que sufren».

Ha disminuido mi atención en el futuro distante y la ha aumentado en este mes y este año.

Nos ha unido a mi esposa y a mí en contra de un enemigo común y ha hecho más fácil que hablemos de cualquier cosa.

Nos ha unido a mi esposa y a mí en nuestro deseo y nuestra búsqueda por entender mejor a un amigo común (Jesús).

Me ha hecho menos suspicaz y más comprensivo ante las demás personas y sus problemas.

Me ha hecho pasar más tiempo orando que nunca antes.

Ha hecho mi tiempo de oración más sensible y humilde, y ha acrecentado mis expectativas de «escuchar a Dios en el otro extremo de la línea».

Me ha permitido considerar más fácilmente sucesos como los milagros, los cuales antes había resistido, así como tener fe en lo que no puedo ver, tocar, oír, o hasta entender.

Me ha acercado más a Dios.

Me ha llevado a arrodillarme de miedo y a elevarme con esperanza.

Eileen también cree que Dios está usando el cáncer de su vida para acercarla más a él. «Creo que Dios permitió el cáncer, no me lo dio, pero lo está usando para bien». Se detiene, buscando las palabras indicadas y continua: «Si no tuviéramos dolor y sufrimiento, ¿no llegaríamos a decir: "No necesito a Dios"?».

Finalmente, hablamos sobre la muerte. «No creo que esto me acabe», dice Eileen con una risa, «pero si llego a morir, no pienso que Dios haya roto una promesa, de cualquier manera, es una situación de ganancia. Si mejoro, gano; si muero, tanto mejor porque estoy con el Señor».

DAVID Y JAMIE

David y Jamie Hahn se encuentran del otro lado de la muerte. Christy, su hija de catorce años de edad perdió una batalla de dos años en contra de la leucemia en noviembre de 1995. Christy era una jovencita vivaz, amante de la vida que tenía un próspero negocio de niñera (y que, a propósito, en una ocasión convenció a unos niños de lanzar papel sanitario en mi casa para poder decir honestamente que ella no lo había hecho [la atrapé de todos modos]). La fila para su funeral fue tan larga que algunas personas tuvieron que quedarse en el vestíbulo durante el servicio.David y Jamie caminaron con nosotros durante nuestra penosa experiencia con Bryden, y ahora compartimos la extraña intimidad que viene del compromiso con la «fraternidad de los que sufren de cáncer». Pero ya que David y Jamie se unieron a un equipo para establecer una iglesia hermana en una comunidad cercana, no habíamos tenido contacto con ellos en más de un año. Yo quería saber:

—¿Cómo te recuperas de la muerte de un hijo? Puede haber una mayor desilusión con Dios? ¿Es posible encontrar una comunión íntima con Dios aun en un valle de sufrimiento como este?

David, un hombre alto y corpulento con voz grave y ojos verdes y amables respondió ávidamente a mis preguntas.

—Siempre tuve una premonición de que perderíamos a uno de nuestros hijos –comenzó suavemente, su voz perdía fuerza–. Fue escalofriante. Una tarde Christy cayó mareada en el sofá, pensamos que era una infección en el oído interno, resultó ser leucemia.

—Los doctores no podían encontrar qué estaba mal –recordó la madre de Christy, cuyos brillantes ojos azules me recordaban a Christy–. Comencé a angustiarme desde el diagnóstico, éramos almas gemelas. Un día en la iglesia, David y yo nos miramos el uno al otro, sabíamos que era algo grave.

Los Hahn lucharon contra el cáncer durante veintiséis meses.

—Cuando Christy recayó –continuó Jamie– Dios me dijo que esta vez no la sanaría, cuando los ancianos oraban por ella. No estaba enojada, Dios no siempre sana como nosotros lo queremos.

Quedamos en silencio, estos no son recuerdos fáciles de evocar.

—Mi único sufrimiento es extrañarla —dijo David—. Ahora tendría dieciocho, iría a la universidad, tendría novios.

—Lo que duele es el apego, la angustia, los «y si» y lo que pudo haber sido —admitió Jamie.

Les pedí que me explicaran cómo habían encontrado a Dios durante su sufrimiento, Jamie respondió:

—Solo tenía dos opciones, puedo sostenerme en Dios o puedo suicidarme. Si comienzo a preguntarme, ¿por qué, Dios? Comienzo a salir de control, por ello, confío.

—Hay días en que el dolor me paraliza —agregó David, limpiando una lágrima—. Pero el sufrimiento es una herramienta de Dios, fue profundo el impacto de la muerte de Christy en mi vida, Dios usó su muerte como un martillo para llamar mi atención. Me he vuelto profundamente consciente de quién tiene el control, la vida es más valiosa que antes, se ha elevado mi compasión por los demás, dependo mucho más de Dios que antes.

El silencio llenó de nuevo la habitación, David tragó saliva y continuó.

—El sufrimiento hace al dolor más intenso. Ahora Jamie y yo vemos la vida de un modo totalmente nuevo. Ahora un amanecer o las nubes pueden hacerme llorar, antes solo solía decir: «Que bonito».

Jamie sonrió de nuevo, recordándome una vez más a la jovencita que ahora podría haber tenido dieciocho, y dijo suavemente:

—Aún en los momentos más difíciles, Dios es bueno.

SEÑALES, MARAVILLAS Y CÁNCER

Siempre he creído que nos encontramos con Dios en nuestro sufrimiento. Durante los años pasados, también he llegado a creer que Dios quiere que oremos por el enfermo, he hallado a Dios como un Dios sanador y lo he visto intervenir de maneras bastante dramáticas.[14] Cuando comienzas a experimentar las ocasiones en las cuales Dios responde sí a las oraciones por sanidad, puede hacer aun más difícil aceptar aquellas en las que responde no. Cuando sabemos y creemos que Dios puede sanar y lo hace, nos confunde el que elija no hacerlo. En ocasiones, cuando Dios no sana es cuando sufren más los cristianos provenientes de tradiciones espirituales que otorgan un gran énfasis al ministerio de sanidad, y en especial cuando se les ha enseñado que de alguna manera su fe está ligada el éxito o fracaso de sus oraciones.

John Wimber, el fundador del movimiento Vineyard, escribió varios libros sobre sanidad en la década de 1980, los cuales se ubicaron entre los más vendidos. En parte, es gracias a este hombre que el ministerio de sanidad ha vuelto a encontrar un lugar en muchas iglesias evangélicas. A través de cintas, libros y seminarios, Wimber esparció este mensaje de «evangelismo de poder», es decir, la creencia de que predicar el evangelio debe estar acompañado de señales y maravillas de sanidad y liberación.

Durante los últimos cinco años de su vida, Wimber sufrió de un ataque cardíaco, un derrame cerebral y cáncer. Dos años después de que se le diagnosticó un tumor inoperable, escribió un artículo llamado: «Señales, maravillas y cáncer», el cual concluyó con las siguientes palabras:

> Mientras recibía tratamiento para el cáncer, alguien me escribió una carta preguntando: «¿Aún crees en la sanidad ahora que has enfermado de cáncer?», y yo respondí: «¡Sí! Sí creo», y la verdad es que lo creo.
>
> También creo en el dolor, ambos se encuentran en la Palabra de Dios. Durante el año que pasé luchando en contra del cáncer, Dios me limpió de muchos hábitos y actitudes que no eran correctos, y por ello me volví más fuerte como cristiano. Algunos de los mayores avances en mi madurez espiritual ocurrieron cuando acogí al dolor, pues cada día debía elegir permitirle a Dios que concluyera su obra en mí por cualquier método, aun la adversidad ... Es atemorizante pasar por el valle de la sombra, sus incertidumbres te mantienen alerta ante cualquier situación cambiante. Comencé a aferrarme a cualquier matiz de las palabras, las encogidas de hombros y los gestos del doctor, experimenté toda la gama de emociones que acompañan a una enfermedad que amenaza la vida. Lloré al ver mi necesidad total de depender de Dios ... tuve que aceptar la realidad de que no podía controlar mi vida ... También encontré que el panorama del valle me dio una atención en Cristo que no habría podido encontrar de ninguna otra manera.

ELIGE SUFRIR REDENTORAMENTE

Después de examinar las historias que hemos observado en este capítulo, no puedo evitar notar el papel tan importante de la elección individual en el sufrimiento redentor. Wimber eligió aceptar la verdad de que no podía controlar su vida, Jamie y David eligieron aferrarse a Dios, Bob y Eileen eligieron creer que Dios usaría su sufrimiento para bien, Habacuc eligió confiar en Dios aun cuando las cosechas fallaron y los invasores asaltaban su ciudad.

Toda crisis es una oportunidad para profundizar nuestra relación con Jesucristo.

Habitamos un mundo caído, Murphy al menos tenía algo de razón: es probable que en algún momento dado salga mal cualquier cosa que pueda salir mal, no podemos vacunarnos contra el dolor, nadie nos pide si queremos o no sufrir, no podemos opinar en el asunto, el sufrimiento sencillamente ocurre, no podemos hacer nada al respecto, e irónicamente, ¡parte del mayor sufrimiento que puede ocurrir en la vida sucede a personas que se preocupan por protegerse en contra de él! No podemos elegir cuándo y cómo sufriremos, sin embargo, podemos elegir cómo responder a ello.

LECCIONES DEL CEREZO DE AMY

La palabra en chino que significa «crisis» también significa «oportunidad». Toda crisis es una oportunidad de profundizar nuestra relación con Jesucristo, toda crisis también brinda una oportunidad de alejarnos de él. Recuerdo esto cada ocasión en la que miro por la ventana de mi oficina hacia el cerezo de Amy, el cual plantaron Mark y su familia para honrar a su preciosa hija. Cada abril, las ramas durmientes del cerezo despiertan de su muerte invernal y se adornan con los vivos colores pastel de la primavera del este de Tennessee. La vida proviene de la muerte, y esta simple verdad se encuentra entretejida en el tapiz de nuestras estaciones y también en el de nuestra alma, ¿lo creemos?

CAPÍTULO NUEVE

RESCATADOS

La película *Saving Private Ryan* (Rescatando al soldado Ryan) comienza donde termina, en un cementerio francés con hileras de tumbas blancas acomodadas en el serena tierra agrícola que se encuentra apenas detrás de las playas de Normandía. Un hombre viejo, obviamente veterano de la segunda guerra mundial, camina con pasos dolorosos en medio de las tumbas hasta que encuentra la lápida que marca la del hombre que ha venido a honrar, dos horas y media después, nos enteramos del porqué. El viejo es James Ryan, quien sirvió como soldado en el ejército durante la invasión de Normandía cincuenta años atrás. La tumba que Ryan busca lleva el nombre del capitán John Miller, el profesor de escuela que se convirtió en soldado, quien dirigió la misión a través de la Francia ocupada para encontrar al soldado Ryan y llevarlo de regreso a casa. El capitán Miller y todos los hombres que condujo durante la misión murieron, Ryan sobrevivió y regresa a Normandía cincuenta años después para recordar a los hombres que dieron su vida por él. La película termina de regreso en el cementerio de Normandía donde James Ryan es abrumado por las emociones mientras se aleja de la tumba de quien lo rescató.

RESCATADO

Las emociones que el soldado Ryan debió haber sentido mientras lloraba a un lado de la tumba de John Miller son similares a aquellas que sentimos cuando reconocemos la manera en la cual Jesús libra nuestras vidas del pecado, el dolor y hasta la muerte. Jesucristo vino a rescatarnos. El significado esencial de la palabra «salvación» en la Biblia es «experimentar un rescate», pero ¿de qué se nos rescata cuando Jesús nos salva?

En efecto, se nos rescata del precio del pecado, pero la idea bíblica de salvación es mucho más amplia que eso. La salvación bíblica tiene la idea de ser rescatados de un enemigo que quiere destruir cada parte de nosotros (espíritu, alma y cuerpo).

VIVIR ENTRE LOS TIEMPOS

Esperé casi un año para ver *Saving Private Ryan* [Rescatando al soldado Ryan], había escuchado que era una película extremadamente violenta y no estaba seguro de querer exponer mi mente a tanto derramamiento de sangre; no obstante, mientras más escuchaba de la película, más me sentía interesado en verla.

Saving Private Ryan se desenvuelve después del día «D», y antes del triunfo aliado en Europa. Los expertos militares sabían que Hitler había perdido la guerra en el momento en que las tropas aliadas tomaron la playa de Normandía y establecieron una cabeza de playa en la Francia ocupada; con todo, aún yacía frente a ellos un sangriento año de lucha antes de que la guerra finalmente llega a su fin, al día histórico al que se nombró día «VE».

El teólogo Oscar Cullman comparó el tiempo transcurrido entre el día D y el VE al tiempo en el cual vivimos, entre la primera y la segunda venida de Cristo.[2] Jesús «invadió» un planeta rebelde cuando llegó a la tierra como el Hijo del Hombre, su muerte en la cruz aseguró la victoria final sobre Satanás, el tirano cuyo reino se extiende sobre toda la tierra. Al irse, dejó un ejército invasor, la iglesia, con la misión de volver a tomar toda tribu y nación ocupada en la tierra.

La guerra aún no ha terminado, Satanás, impulsado por la ira maniática de un déspota derrotado, practica su propia política de destruir todo lo que haya a su paso, asesinando y mutilando a todo el que pueda, aún mientras alista su retirada y se prepara para su destino final en la segunda venida de Cristo.

En ocasiones, me siento desanimado por el que Satanás, un enemigo derrotado aun sea capaz de hacer tanto daño. Elegí ver *Saving Private Ryan* para recordar lo intensa que puede ser la batalla entre los tiempos. Como el soldado Ryan, estamos luchando contra un enemigo malvado en un mundo gobernado por poderes oscuros.

UN PLANETA EN REBELIÓN

Pero, ¡espera un minuto! ¿acaso no es Jesús el Señor del universo? Sí, lo es, pero el universo está en rebelión, mantenido prisionero por los poderes de Satanás. Jesús mismo llama a Satanás el «príncipe de este mundo».[3] Juan enseña que: «El mundo entero está bajo el control del maligno»,[4] a la vez que Pablo llama a Satanás: «El dios de este mundo».[5] Sin embargo, Jesús vino para: «Destruir las obras del diablo» y a: «Proclamar libertad a los cautivos»,[6] vino a rescatarnos de nuestro enemigo.

¿Qué ocurre cuando soy salvo? Sí, mis pecados son perdonados, ¡gracias a Dios por eso! Pero la salvación es mucho más que un cambio en mi situación legal ante Dios, *¡la salvación es ser rescatados!* El soldado Ryan pudo haber sido asesinado o tomado prisionero por sus enemigos si el capitán Miller no lo hubiese salvado. Fue librado de la muerte o la tortura, y de igual manera lo somos cuando Cristo nos salva. «La palabra "salvo" sencillamente significa ser salvado ... de los azotes y las aflicciones de Satanás».[7]

¿DIOS MATA NIÑAS PEQUEÑAS?

Una extraña enseñanza ha surgido poco a poco en la Iglesia la cual atribuye a los buenos propósitos de Dios los azotes y las aflicciones de Satanás. Tres chicas adolescentes y uno de sus padres murieron al final de un viaje de verano a un parque de diversiones al estrellarse un camión ligero con la parte trasera de la camioneta de su iglesia, aplastándolos. En el funeral, alguien me dijo: «Dios debió haberlas querido en el cielo, así que las tomó».

No lo creo, la enseñanza consoladora que consideramos en el capítulo anterior, que Dios es tan soberano que puede usar el mal para el bien, no enseña que Dios haga que ocurra el mal. Dios no aplasta niñas pequeñas de camino a retiros de la iglesia, Satanás lo hace, después, Dios obra a través de la tragedia para llevar sanidad.

Dios usa la enfermedad y el sufrimiento, pero no los envía. La enfermedad es una de las maneras en las cuales Satanás castiga a quienes odia, es una de las maneras en la cuales gobierna su reino malvado. Cuando Jesús sanó a una mujer lisiada, la llamó una hija de Abraham «a quien Satanás tenía atada durante dieciocho largos años».[8] Pedro describe cómo Jesús «anduvo haciendo el bien y sanando a todos los que estaban oprimidos por el diablo».[9] La sanidad es una

Dios usa
la enfermedad
y el sufrimiento,
pero no los envía.

de las maneras en las cuales Jesús nos rescata del poder del diablo, él nos sana porque nos ama y no quiere vernos sufrir.

A *Dios sea la gloria*

Durante el domingo de pascua, el 11 de abril de 1993, este encabezado y subtítulo aparecieron en la primera página del diario *Chattanooga News-Free Press*:

Michele Rasnake vence al cáncer
Madre de treinta y un años reporta más de veinte tumores curados

El artículo describe la manera en la cual Dios la rescató de su enfermedad.

En octubre pasado, los médicos encontraron veinte tumores cancerígenos en el cuerpo de Michele Rasnake, ubicados en su seno, pecho, barbilla hombro, brazo, columna, pelvis y ocho en el hígado.

En este momento esta libre del cáncer y celebra la pascua con su esposo Eddie y sus cuatro hijos. La señora Rasnake, de treinta y un años dio a luz a su hijjo menor tan solo cuatro semanas antes de comenzar a sentir dolor, el pasado agosto. Sus síntomas iniciales fueron problemas en la espalda, fiebre y molestias parecidas a las del resfriado ... El 2 de octubre, se le diagnosticó linfoma Hodgkings de células T, una forma de cáncer muy rara y agresiva.

La Sra. Rasnake recuerda haber tenido una sensación de paz al escuchar las noticias, y explica: «Dios no causó esto, pero permitió que sucediera» ... La Sra. Rasnake comenzó con la quimioterapia en el centro médico Erlanger el 14 de octubre, los médicos le daban cuarenta por ciento de posibilidades de sobrevivir ... Como resultado de la quimioterapia, el sistema inmunológico de la Sra. Rasnake se detuvo, por lo que se la hospitalizó por dos semanas en aislamiento protector. Describió ese tiempo separada de sus hijos como el período más difícil de su enfermedad.

La Sra. Rasnake terminó la quimioterapia el 14 de diciembre, el 17 del mismo mes, ella y su esposo se reunieron con los doctores en el centro médico de la universidad de Vanderbilt en Nashville para discutir la posibilidad de un transplante de médula ósea. Los doctores le daban veinte por ciento de probabilidades de sobrevivir dadas las características clínicas únicas de su cáncer ...

Los Rasnake, aunque al principio se mostraron reacios al transplante decidieron proseguir con el tratamiento en febrero después de que se descubrió que la médula del hermano y la hermana de la Sra. Rasnake eran perfectamente compatibles. Con el transplante, la joven madre se enfrentaba a una estadía de dos meses en el hospital seguida de un período de recuperación de seis meses.

Aun con el transplante, los doctores dijeron que la Sra. Rasnake tenía setenta porciento de probabilidades de recaer en el año siguiente, el procedimiento mismo tenía un índice de mortadad de veinte a treinta por ciento. «*Voy a apartarme una noche para hacer cintas y notas para que los niños escuchen en sus cumpleaños más significativos y en los días especiales como sus bodas ... y quizá leerles algunos de sus libros favoritos en cintas para que puedan escuchar la voz de su mamá. Como podrán entenderlo quienes son madres, sería un milagro que pudiera hacer todo esto sin derramar un cubo de lágrimas*». (Boletín informativo, febrero).

El 9 de marzo, la Sra. Rasnake tuvo la primera de tres biopsias programadas que debían tomarse en preparación para el transplante; sin embargo, tres días después, los informes de laboratorio no lograron confirmar cualquier malignidad. Los doctores no creían que se encontrara en etapa de remisión, así que se programó una segunda biopsia para el 18 de marzo.

Cerca de las 3 de la madrugada de esa mañana, la señora Rasnake despertó y se visualizó a sí misma siendo conducida a la sala de operaciones cantando el himno «A Dios sea la gloria» y sintió que Dios llevaría a su fin esta penosa experiencia.

Esa mañana, tras cuatro horas de cirugía, los doctores informaron a los Rasnake que no pudieron encontrar ningún tumor maligno en el cuerpo de la Sra. Rasnake. El 23 de marzo, un patólogo de Vanderbilt confirmó que se encontraba en remisión ...

«*Los médicos no tienen ninguna buena explicación de lo que ha ocurrido, pero nosotros sí. Lo vemos como una obra de Dios, no creemos que se encontraba en remisión, sino que el Señor eligió anular la enfermedad*». (Boletín informativo, marzo).

Los Rasnakes atribuyen su recuperación al apoyo de oración de sus amigos y a la fidelidad de Dios en sus vidas, además de la destreza de los médicos.

El domingo siguiente, copié el artículo del periódico y lo entregué a nuestra congregación, muchos de quienes habían estado orando por los Rasnake. Una palpable impresión llenó a la congregación mientras las personas se daban cuenta de lo que Dios había hecho: ¡había rescatado del cáncer a una de sus hijas! Siete años después, Michele aún se encuentra libre del cáncer, Eddie escribió en un boletín de seguimiento: «Nos sentimos tan humildes por este increíble acto de gracia, la bondad de Dios es arrolladora».

Como el soldado Ryan, experimentamos un tierno afecto por quien nos rescató cuando Jesús nos libra de nuestras enfermedades. El rey David clamó: «Alaba, alma mía al Señor ... él perdona todos tus pecados y sana todas tus dolencias»,[10] quizá después de haber encontrado las misericordias de Jehová-Rapha, el Dios que sana. Se siente bien ser rescatado, la sanidad es una de las maneras en las cuales Jesús nos hace saber cuanto se preocupa por nosotros.

EL SANADOR COMPASIVO

Cuando llegó a Jesús la noticia de que su amado primo Juan había sido martirizado brutalmente por verdugos que trabajaban en el calabozo bajo la extensa propiedad de Herodes Antipas: «Se retiró él solo en una barca a un lugar solitario».[11] Qué remo tan solitario a través de las grises aguas del mar de Galilea debió haber sido aquel, el asesinato de Juan presagiaba el suyo, el tiempo se acababa, necesitaba desesperadamente estar solo con su Abba, ¿para llorar quizá? ¿O para clamar enojado por la injusticia de todo? Nunca lo sabremos.

Lo que sí sabemos es que nunca llegó a ese lugar solitario: «Cuando Jesús desembarcó y vio tanta gente, tuvo compasión de ellos y sanó a los que estaban enfermos».[12] La palabra usada como compasión en el Antiguo Testamento significa literalmente «de adentro», es la palabra griega que se usa para describir un grito apagado de un hombre abrumado por la tristeza, o el gemido de una madre en el parto. Jesús sanó porque quienes sufrían le rompían el corazón, su ministerio de sanidad fluía de su profunda tristeza por el dolor de su pueblo que sufría, lisiados y mutilados por el dios de este mundo. El apóstol Mateo, escribiendo sus reflexiones sobre la vida y el ministerio de su Maestro, eligió a la compasión como el motivo dominante de todo lo que hizo y dijo:

> Jesús recorría todos los pueblos y aldeas enseñando en las sinagogas, anunciando las buenas nuevas del reino, y sanando toda enfermedad y toda dolencia. Al ver a las multitudes, tuvo compasión de ellas, porque estaban agobiadas y desamparadas, como ovejas sin pastor.[13]

¿REPRENDER A LA ENFERMEDAD?

Una mañana de domingo, mientras me preparaba para predicar, sentí síntomas de gripe que se extendían por todo mi cuerpo. Comenzó a dolerme la cabeza, me sentí mal del estómago y pude notar que comenzaba a sentir fiebre. Solía sencillamente rendirme a la enfermedad, en un día como este, habría esperado sentirme mal por varios días, batallar esa mañana y después ir a casa a dormir.

Pero ya no, ahora creo que la enfermedad es un flagelo de Satanás. Estoy aprendiendo a volverme más agresivo en cuanto a resistir la enfermedad en mi propia vida y en las vidas de las personas de quienes soy pastor. Cuando la suegra de Pedro contrajo una fiebre que amenazaba su vida, Jesús «se inclinó sobre ella y reprendió a la fiebre, la cual se le quitó».[14] Jesús no recibió la enfermedad de manera pasiva, sino que la confrontó con agresividad y eso es lo que estoy aprendiendo a hacer.

Durante el segundo servicio de ese domingo, oré: «Jesús, moriste para salvarme de todos los efectos del pecado, no solo me quedaré quieto esperando hasta enfermar, por el poder y autoridad de tu poderoso nombre reprendo a esta enfermedad y te pido que protejas a tu siervo de cualquier estrategia del maligno en contra de mí, en tu poderoso nombre, amén». Para el momento en que terminé el sermón, me sentía bien de nuevo, y mientras conducía a mi casa después del servicio, agradecía a Jesús por su compasión hacia mí, me había rescatado de la enfermedad y me sentí cerca de él.

¿Recibo sanidad cada vez que oro? No, recuerde, vivimos en el tiempo intermedio, el poder del reino solo está aquí en parte, aún tenemos un adversario fuerte. Cristo no ha regresado para desterrar el mal por completo, y el rescate absoluto de los efectos del pecado no ocurrirá en esta vida; sin embargo, cuando sí me sana, siento su compasión y mi amor se hincha como resultado.

Jesús no recibió la enfermedad de manera pasiva, sino que la confrontó con agresividad.

En ocasiones nos encontramos con la compasión de Cristo mientras caminamos *a través* de una prueba, en otras, encontramos su compasión cuando nos rescata de una prueba. Como observador profesional de las travesías espirituales de las personas, he notado que con frecuencia Dios nos brinda su sanidad cuando estamos en el extremo de nuestra cuerda y solo necesitamos una evidencia tangible de que en verdad se preocupa.

POR FAVOR SANA A MI HIJO

Al hijo de Beth, Reed, se le diagnosticó fluido en el cerebro a los cuatro meses de embarazo. Ella recordó: «Todos los ventrículos del cerebro estaban llenos de fluido, lo cual apuntaba a la hidrocefalia, el defecto de nacimiento que tantos temen. En ese tiempo mi vida era un enorme desastre gracias a algunas decisiones muy inmaduras y pecaminosas».

Su médico le sugirió que abortara a Reed, pero Beth se negó. Deprimida por el prospecto del gris futuro del niño, se desahogó con el Señor una tarde de noviembre mientras barría las hojas: «Pedí a Dios que sanara a mi hijo, y si no era posible, le agradecí por escogerme para ser su madre».

Cuatro semanas antes de que Reed naciera, Dios lo sanó, ella recuerda: «El radiólogo pidió a la enfermera que llamara a mi médico, cuando llegó, miró al monitor y *¡el fluido había desaparecido de todos los ventrículos!*». El doctor no tenía explicación para lo que había ocurrido: «Me quedé acostada con lágrimas que salían de mis ojos y lo único que pudo salir de mi boca fue: "Es Dios", cuan maravilloso es por sanar a mi hijo». Beth se encontró con el tierno Sanador de Nazaret en un momento de su vida en el cual en verdad necesitaba saber que Dios aún la amaba a pesar de sus errores. Jesús vio sufrir a Beth, y la rescató.

JAN

«Jan tiene esclerosis múltiple». En mayo de 1996, Jan una nueva creyente con un hambre insaciable por las Escrituras y un corazón inclinado hacia sus compañeros de trabajo perdidos, acababa de recibir la peor noticia que alguien pudiera recibir.

Una calurosa tarde de agosto, a tres años de haber comenzado una batalla en contra de una de las enfermedades más debilitantes que existen, Jan me dijo: «Esto es lo que escuché en el diagnóstico: primero, no hay cura; segundo, padecerás esclerosis múltiple (EM) toda tu vida; tercero, cabe la posibilidad de que empeores; y, cuarto, nunca recuperarás todas tus funciones».

Al principio, Jan tenía pocas esperanzas de sanar y dijo con una sonrisa: «Decidí que sería la mejor enferma que jamás hubiera existido». Pasaron dos años, estaba más cansada y estaba perdiendo la capacidad de caminar.

Entonces, Jan notó que su enfermedad tenía «personalidad». Ella recuerda: «Comencé a ver patrones muy sospechosos. Noté que los ataques ocurrían alrededor del tiempo del ministerio». Durante este tiempo, se pidió a Jan que se levantara y diera un testimonio en la celebración del aniversario número diez de nuestra iglesia. «Ese día tuve muchos problemas para caminar y en realidad no pensé poder estar de pie para dar mi testimonio». Ella ríe al admitir que levantó el teléfono para llamarme y decirme que no podría hablar en la celebración, pero que; sin embargo, Dios la detuvo y en cambio oró para recibir fuerza. Cuando fue su turno de hablar: «¡Mis piernas se convirtieron en pilares de acero! Pude haberme quedado de pie por horas».

Jan comenzó a darse cuenta de que no había pedido a Dios que la rescatara de su enfermedad, y entonces, algo extraño le ocurrió. Jan, una profesora bíblica muy talentosa hablaba en un retiro de mujeres en donde cada mujer sufría de una enfermedad física. «Mientras escuchaba durante nuestros momentos de discusión, me preocupó mucho lo que oía, me escuchaba a mí misma. Estas queridas mujeres suplicaban el derecho de sufrir con su enfermedad ... algunas llegaron a hablar de su aflicción con una ternura sombría, casi como si la portaran como una insignia de honor, esto fue muy inquietante».

Jan, se dio cuenta de que había supuesto que la EM era la voluntad de Dios para su vida, y de hecho, había dejado que este padecimiento se convirtiera en una parte de su identidad. Jan comenzó a pedir a Jesús que la rescatara de la enfermedad llamada esclerosis múltiple, y Dios la llevó a una temporada de profunda comunión con él, la cual avivó las llamas de su pasión espiritual. Ella dejó muchas de sus actividades del ministerio y pasó largas horas en oración y en la Palabra: «Comencé a experimentar un nuevo tipo de libertad y de gozo en él, mientras más me dejaba acercarme, más deseaba y comencé a sentir un deseo casi increíble por él».

Entonces, una sorpresa. Jan dijo con una sonrisa de oreja a oreja: «¡Comencé a tener más salud! Lo que estoy encontrando es que mejoro tanto física como espiritualmente conforme crezco en la Palabra». Jan aún tiene algunos ataques periódicos de la enfermedad, pero ya no la debilitan como antes. Ella me dijo en confidencia que está ganando tanta fuerza ¡que hasta podría dejar su pensión de discapacidad!

Le pregunté cómo fue que su enfermedad influenció su caminar con Cristo, y ella respondió pensativa: «Mi historia en realidad no trata de mi salud, se trata de pertenecer a Cristo, y mi salud es un beneficio secundario».

Después, Jan me escribió estas palabras para dar perspectiva a nuestra discusión: «Fue casi como lo que dijeron Sadrac, Mesac y Abed-nego: "El Dios al que sirvo puede librarme de la esclerosis múltiple y de tus manos, rey de este mundo. Pero aun si no lo hace, que se sepa que no honraré a tus dioses ni adoraré la imagen que ha puesto frente a mí." Cristo es el autor de mi fe, es en él en quien creo».

LA SANIDAD DE LAS EMOCIONES DAÑADAS

Algunos de los encuentros íntimos más poderosos con Cristo como Sanador ocurren cuando oramos por sanidad emocional. Todo dolor es provocado por nuestro enemigo, Jesús está tan interesado en sanar las emociones dañadas como en sanar los cuerpos. El psicólogo David Seamand compara nuestros mundos internos con los anillos de un enorme árbol de secoya. Los naturalistas saben que cada aro representa un año en la historia del desarrollo de un árbol, pueden saber en qué años sufrió de sequía, en cuales hubo mucha lluvia y en qué año fue golpeado por un rayo.

Seamands nos recuerda: «Todo esto se encuentra incrustado en el corazón de un árbol, lo que representa una autobiografía de su crecimiento, y lo mismo ocurre con nosotros. Tan solo a algunos minutos dentro de la corteza protectora, la máscara que oculta y protege, se encuentran los anillos que registran nuestra vida. Ahí están las cicatrices de heridas antiguas y dolorosas ... la presión de un recuerdo doloroso y reprimido ... en los anillos de nuestros pensamientos y emociones, ahí está el registro; los recuerdos están inscritos y todos están vivos ... Ellos afectan la manera en la que vemos la vida y a Dios, a los demás y a nosotros mismos».[15]

Pocos momentos son tan tiernos o íntimos que aquellos en los cuales el Sanador viviente repara con cuidado una emoción dañada y enterrada en lo profundo de uno de sus hijos. Orar por la sanidad de las emociones dañadas es una de las partes más realizadoras de mi ministerio. Con frecuencia Sandi y yo ministramos juntos de esta manera, encontramos que la oración de sanidad por los sentimientos lastimados es más efectiva cuando la persona que busca la oración ya se encuentra en ese camino con hermanos y hermanas cercanos. Cuando los medios normales de la gracia (oración, comunión, ayuno, el estudio de las Escrituras, la adoración, el servicio y los sacramentos) han llevado a la persona herida tan lejos como es posible, es cuando se requiere de una intervención pues uno de los anillos de la vida necesita sanidad antes de que la persona pueda continuar su travesía.

EL BESO DE LA INTIMIDAD

Tammy buscó oración después de dar con una meseta emocional. Pedimos al espíritu santo que nos revelara las emociones dañadas que estaban obstaculizando el crecimiento espiritual de Tammy, pedimos al Espíritu que descubriera las heridas internas.

Una tormenta de recuerdos comenzaron a llenar la mente de Tammy, gradualmente, las imágenes se hicieron más lentas hasta que se encontró reflejada en una escena dolorosa al lado del lecho de muerte de su padre. Ella exclamó: «No, no quiero ir ahí». Lenta y dolorosamente, la herida se expuso, el padre de Tammy tuvo una muerte lenta, entrando a un coma del que nunca se recuperó. Mientras Tammy entretuvo el recuerdo, la invadieron olas de enojo, se sintió huérfana, abandonada por el moribundo que fue su padre. Ya que sabía que su padre no podía evitar su enfermedad, nunca se permitió sentir ira hacia él, pero eso no lo sabía la niña pequeña que se aferró a su cama ese día, rogándole que despertara, y una profunda ira interna la había estado consumiendo desde entonces. Las emociones comenzaron a ceder, Tammy se vio a sí misma como sola y vacía pero ya no enojada detrás del cuerpo inerte de su padre.

Le pedimos a Jesús que visitara esta herida emocional expuesta y la sanara. Tammy se sentó en silencio por algún tiempo, y le pregunté: «¿Qué ocurre?», ella se limpió las lágrimas de los ojos.

«Jesús me sostiene, me dice que cuidará de mí, me dice que quiere intimidad conmigo y ... estamos bailando, él me sostiene en sus brazos y estamos bailando en la habitación».

Como la tuya o la mía, la travesía de Tammy no ha concluido, pero está de nuevo en el camino, refrescada por el toque sanador de un Salvador que baila.

EL COMPROMISO DE LA FRATERNIDAD DE LOS HOMBRES

Mi propia travesía hacia la sanidad emocional fue más un proceso que un suceso. Enterrado dentro de mi exterior ambicioso se encontraba un miedo a fallar en el mundo de los hombres. Una de las razones por las que estaba obsesionado con el éxito era el hecho de que lo veía como la cuota de admisión para la fraternidad de los verdaderos hombres. El lado oscuro de esta inclinación era una incapacidad de relacionarme bien con los demás hombres. En cierto grado, veía a los demás hombres como competidores, y en especial me sentía amenazado por los hombres fuertes y confiados por miedo a que ocuparan el lugar que tanto deseaba en el elusivo círculo interno de los verdaderos hombres, o quizá temía que llegarían a conocerme y exponerme como un fraude, un intento de hombre lleno de inseguridad.

Bajo estos miedos acechaba un acertijo interno que me dejaba perplejo: ¿qué es un hombre verdadero? Los hombres a quienes más admiraba eran héroes militares, estrellas de los deportes y magnates corporativos, no tenía modelos de masculinidad que se adecuaran a lo que comenzaba a descubrir que yo era: un hombre creativo, reflexivo, un poco místico, inclinado a pensar tal vez demasiado en las complejidades de la vida mientras que a la vez poseía una enorme visión del progreso del reino de Dios.

Estos miedos comenzaron a filtrarse por las grietas de mi mente mientras mi consejero y yo pasamos tiempo juntos. Nunca estuve consciente de ningún momento específico en el cual Dios haya realizado una intervención en alguno de los anillos rotos de mi vida, nunca tuve una experiencia como la de Tammy; sin embargo, después de un año de oración, de leer las Escrituras y de compartir mi corazón, comencé a notar que mi miedo hacia los hombres comenzó a menguar, y en su lugar encontré un amor y una compasión crecientes hacia mis hermanos en la fraternidad de los hombres. Mi entendimiento de lo que podía ser un verdadero hombre se amplió y comencé a tener más paz con la persona única que Dios me hizo ser.

Cerca de ese mismo tiempo, Dios comenzó a darme relaciones con varios hombres en nuestra ciudad, hombres que comenzaban a despertar en lo espiritual y estaban ansiosos de aprender más sobre el camino de Cristo. En la actualidad, mis relaciones con estos hombres son una de las partes que más disfruto de mi ministerio, e irónicamente, muchos de ellos son líderes fuertes y exitosos, el mismo tipo de hombres a quienes más temía hace algunos años. Ahora encuentro gran placer en animarlos más allá de sus zonas de comodidad espiritual y de hablar las cosas difíciles que necesitan escuchar para seguir a Cristo. Dios me está sanando.

EL VALOR PARA ACEPTAR LA PARADOJA

Cuando el capitán John Miller y sus hombres cansados encuentran por fin al soldado James Ryan y anuncian su intención de rescatarlo, se encuentran con una respuesta inesperada, él no quería que lo rescataran. En ocasiones, hacemos lo mismo con la sanidad, actuamos como si en realidad no quisiéramos ser sanados, dejamos de pedir cansados de que nuestras esperanzas se frustren al pedir sin recibir.

Dios nos ordena que oremos por sanidad y él nos advierte que con frecuencia la respuesta será no.

¿Debemos atrevernos a enfrentar la paradoja? No tenemos otra opción si debemos adoptar con honestidad las Escrituras que nos enseñan a pensar de una manera incluyente. Dios nos ordena que oremos por sanidad y él nos advierte que con frecuencia la respuesta será no.

La decepción con Dios es inevitable en este mundo rebelde, no podemos escondernos del dolor y el sufrimiento, debemos aprender a sufrir de manera redimida al elegir creer en la bondad de Dios cuando los hechos parezcan afirmar lo contrario, y debemos tener fe para arriesgarnos a ser rescatados. En lo profundo de esta paradoja se encuentra el secreto de viajar con Dios.

CAPÍTULO DIEZ

TERMINA LA BÚSQUEDA

Tres de los predicadores más importantes de la nación hablaron en los servicios de capilla a mitad de semana durante mi año intermedio de seminario. A los pocos años siguientes, cada uno de ellos había cometido adulterio y había traído la desgracia a sus familias y ministerios. ¿Por qué las personas le son infieles a la persona que aman?

El compositor de himnos dio justo en el clavo cuando dijo que nuestros corazones tienden a divagar.[1] Confrontados por el trabajo difícil y doloroso requerido para crear intimidad en el matrimonio, muchos se salen del camino recto y se conforman con los intoxicantes placeres de un nuevo romance. Los programas de televisión y las películas, obsesionados con glorificar las «aventuras amorosas», raramente nos cuentan el resto de la historia. No se molestan en adelantar la cinta y dejarnos ver lo miserablemente egoístas que son los matrimonios formados por personas infieles.

He cambiado la manera en la que conduzco una ceremonia nupcial a causa de tantos matrimonios que has visto colapsarse. Ahora hago una pausa antes de recitar los votos matrimoniales y digo: «Ustedes están conscientes que todos los poderes del infierno serán desatados en contra de ustedes para incitarlos a romper estos votos. Piensen en lo que están diciendo. Jurar su compromiso de por vida, uno al otro, delante de Dios es algo santo. No tomen este momento a la ligera».

Muchas parejas que se las arreglan para permanecer casadas durante el viaje entero terminan más como compañeros de cuarto que como amantes. Piénselo: ¿cuántas parejas casadas conoce que todavía están creciendo en unidad veinte o treinta años después de su día de boda?

La segunda ley de la termodinámica se aplica a las relaciones tanto como a la energía: ambas tienen la tendencia de desaparecer. ¿Cómo podemos prevenir la entropía en las relaciones?

Sandi y yo hemos tratado de cultivar un estilo de vida que mantiene nuestro matrimonio creciendo y nuestros corazones comprometidos en el peregrinaje de la intimidad. Nos hemos disciplinado para tomar pequeñas decisiones que, a través del tiempo, mantienen nuestro matrimonio en crecimiento y guardan nuestro corazón de la seducción de amantes menores. Pasamos el tiempo juntos; salimos a solas una vez a la semana; oramos juntos; y hablamos por teléfono cuando uno de los dos está de viaje.

A través de muchas otras disciplinas guardamos nuestro corazón para el otro: nunca aconsejo a mujeres a solas con la puerta cerrada, por ejemplo, ni conduzco mi auto a solas con una mujer. No veo, ni leo, material explícitamente sexual y tengo varios hermanos delante de quienes doy cuentas de mi pureza. Sandi tiene disciplinas específicas que la ayudan a guardar su corazón también.

La disciplina por sí sola no es suficiente. También debemos tener temporadas de romance y pasión, para olvidar al resto del mundo y que lo único que importe seamos nosotros dos. Estos encuentros especiales son ingredientes esenciales en construir fidelidad en nuestro matrimonio. Tratamos de programar salidas de viaje a solas varias veces al año.

El adulterio espiritual no es menos común que el adulterio físico. ¡Cuán fácilmente nuestro corazón corre a los dioses menores de nuestras adicciones! Qué difícil es mantenernos fieles a Aquel a quien le hemos jurado nuestra vida. Algunas personas están tan seducidas por un amante menor que abandonan su relación con Cristo totalmente. Muchos más se conforman con una religiosidad carente de corazón, vacía de poder y espíritu. ¿Cómo nos mantenemos fieles a Aquel que amamos? De nuevo es sabio escuchar la sabiduría de nuestras hermanas y hermanos tanto evangélicos como carismáticos.

Los evangélicos nos llaman a un estilo de vida disciplinado de decisiones diarias: decisiones de pasar tiempo con el Señor, guardar nuestro corazón de las cosas que roban nuestra intimidad y nos seducen para apartarnos de la verdadera fe. Los carismáticos nos recuerdan los encuentros íntimos con nuestro Amado, los toques especiales de su presencia que despiertan nuestro anhelo por él y reavivan los deseos espirituales adormecidos.

LA BÚSQUEDA

La vida espiritual así como el matrimonio, es un peregrinaje hacia la intimidad. Por eso es que a menudo usamos palabras como *viaje, caminar, peregrinaje y batalla* para describir nuestra experiencia con Jesús. Conocemos en nuestro corazón lo que la Biblia afirma en sus páginas: El viaje espiritual es un viaje difícil. Grandes peligros esperan a aquellos que se atreven a comprometerse a una búsqueda de por vida del Salvador. Aun así, al final también sabemos que la búsqueda bien vale la pena el sacrificio.

La Búsqueda del Santo Grial, un peregrinaje épico que relata las historias del legendario rey Arturo, ha sido contado y recontado por los cristianos

TERMINA LA BÚSQUEDA

durante ochocientos años. En cierto nivel es la historia de los caballeros del
rey Arturo en su búsqueda de la copa de la Última Cena. Pero en un nivel
más profundo la leyenda antigua es una alegoría del peregrinaje cristiano.

El Santo Grial es la copa de la cual Jesús bebió en la Última Cena. La
leyenda dice que José de Arimatea llevó la copa a Gran Bretaña donde estuvo
escondida durante siglos. Una noche, mientras los Caballeros de la Mesa
Redonda estaban reunidos en la corte del rey Arturo para celebrar la Fiesta
de Pentecostés, el Santo grial se les aparece en una visión. Los caballeros salen
en una travesía para encontrar el Grial y traerlo de vuelta. Su viaje estuvo
cargado de peligros. Los valerosos guerreros se enfrentaron a ejércitos
saqueadores, damiselas seductoras, espíritus demoníacos, un par de leones,
un rey ciego y un Caballero Negro.

Sir Lancerote, con la conciencia cargada por su adulterio con la esposa
del rey Arturo, la reina Ginebra, falla en la búsqueda y regresa a casa. Otros
caballeros caen en derrota también. Finalmente sir Galahad recupera el Grial
de su castillo. Cuando lo hace, el rey Pescador, quien vigila el Grial, es
sanado de una herida en su muslo, y sus tierras, azotadas por la sequía,
instantáneamente se vuelven fértiles otra vez. Galahad, con su búsqueda
cumplida, mira dentro del Grial y ve misterios que ningún ser humano se
puede imaginar. Con su corazón lleno de la presencia de Dios, clama pidiendo
ser llevado al cielo, y entonces muere. El Cielo se abre y el Grial desaparece.

Muchos meses pasan antes de que la historia de la búsqueda de
Galahad llegue a los caballeros de la Mesa Redonda. Una versión de la
leyenda describe la escena final desde el punto de vista de uno de los
caballeros que regresan:

La mitad de los lugares alrededor de la Mesa Redonda estaban
vacíos, y entre los ausentes se contaban muchos de los mejores que
solían sentarse allí. Y de aquellos que estaban ahí, muchos tenían
heridas y cicatrices, y la mayoría habían sido cambiados de cierta
manera de lo que habían sido antes. Y pienso que la alta aventura
del Grial había sido costosa.[2]

La leyenda ofrece una parábola apropiada para nuestro peregrinaje a la
intimidad con Jesucristo. No todos los que emprendieron la búsqueda la
concluyeron. Algunos fueron derribados por los enemigos de la lujuria y el
orgullo. Otros se perdieron en los oscuros bosques del pecado y el engaño.
Muchos carecían del valor para ir más allá de la comodidad de su reino
presente. Sin embargo, algunos peregrinos completaron la Búsqueda y llegaron al final de su vida heridos y con cicatrices, pero cambiados en cierta
manera de lo que habían sido antes.

El peligro de los peregrinajes fallidos

Eugene Peterson, en su libro sobre el viaje espiritual acertadamente titulado *A Long Obedience in the Same Direction: Discipleship in an Instant Society* [Una obediencia duradera en la misma dirección: El discipulado en una sociedad instantánea], se queja: «Las personas a quienes he dirigido en adoración, entre quienes aconsejo, visito, oro, predico y enseño quieren atajos. Quieren que los ayude a llenar la solicitud que les ayudará a obtener crédito instantáneo (en la eternidad) ... la vida cristiana no puede madurar bajo tales condiciones».[3]

Ser religioso
no es difícil.
Sostener una
amistad íntima
de por vida con
Jesús sí lo es.

El crecimiento espiritual no tiene atajos. Aquellos que permanecen fieles a Cristo lo hacen porque han tomado decisiones de por vida para pasar tiempo con él y proteger su corazón de los dioses menores. Solo aquellos que dominan las disciplinas de un estilo de vida así tienen éxito en la Búsqueda.

Por supuesto, hay muchos peregrinajes fallidos. Una de las escenas más conmovedoras ocurre cuando el trágico sir Lancerote, incapaz de hacer propio el perdón hecho posible en la cruz, abandona su peregrinaje.

«Soy un gran pecador», dijo sir Lancerote, «y el peso de mi pecado está en mi cabeza y en mi espíritu. Estoy destituido de Dios» ... Supo que para él la Búsqueda había terminado.[4]

Muchos que llenan las iglesias cada domingo y guardan las apariencias de la religión han llegado a un punto similar. Para ellos la Búsqueda ha terminado. Ser religioso no es difícil. Sostener una amistad íntima de por vida con Jesús sí lo es. Repartidos a lo largo de las páginas del Nuevo Testamento hay indicios de travesías sin terminar. Al escribir los días finales de su propia búsqueda, Pablo lleno de dolor reconoce: «Algunos han naufragado en la fe».[5] Y el escritor de la carta a los Hebreos advierte a sus compañeros de peregrinaje: «Cuídense, hermanos, de que ninguno de ustedes tenga un corazón pecaminoso e incrédulo que los haga apartarse del Dios vivo».[6]

Permanecer en amor

Volvemos a la pregunta con la que comenzamos este capítulo: ¿Cómo permanecemos siendo fieles a Aquel que amamos? Antes de que intentemos una respuesta, recordémonos a nosotros mismos, de nuevo, que estamos hablando de una relación con el Cristo vivo. Muchas discusiones acerca del viaje espiritual pasan demasiado rápido a la técnica y los principios sin apreciar plenamente la dinámica de *relación* del crecimiento espiritual. De lo que realmente estamos hablando es de permanecer enamorados de la persona más importante en nuestra vida.

Mi matrimonio disfruta de muchas temporadas de cercanía cálida pero también de muchas luchas a través de temporadas de distancia invernal. Parte de esto es sencillamente la realidad de una vida muy ocupada. Aún así, cuando las temporadas de cercanía son eclipsadas más y más frecuentemente por prolongadas temporadas de distancia, comienzo a preocuparme por la salud de nuestro matrimonio. Invariablemente, cuando repasamos los patrones de nuestra vida que han dado como resultado que nos distanciemos, encontramos que no hemos estado pasando tiempo juntos. Sencillamente, no es posible tener intimidad con otra persona cuando no se pasa tiempo juntos. Esto es verdad, sea que la persona sea un amigo, un hijo, el cónyuge o Jesucristo.

Disfruto observar a la gente en los restaurantes, especialmente cuando estoy de viaje y como solo. Uno puede aprender mucho acerca de la salud de un matrimonio al observar cómo interactúan las parejas en una comida. Muchas parejas, especialmente las de más tiempo, ya no parecen disfrutar la compañía del otro. Una pareja que observé recientemente tendría que haberse sentado en mesas separadas. El esposo enterró su cabeza en la sección de deportes mientras la esposa echaba fumando arillos de humo y veía fijamente a la ventana distante que daba al estacionamiento medio lleno. Comieron en silencio y se fueron en silencio. La industria restaurantera parece haberse dado cuenta que los tiempos de las comidas, que tradicionalmente era el escenario en el que las familias se reconectan y forman lazos, ya no están diseñados para eso. Ahora la mayoría de los restaurantes tienen televisores para que los clientes los puedan ver mientras comen. Y si uno puede encontrar un restaurante sin televisores, la música rock de fondo está a un volumen tan alto que se tiene que gritar de un lado al otro de la mesa.

Aún así, si uno observa lo suficiente va a encontrar a una pareja saboreando su comida juntos. No sabían qué pedir la primera vez que el mesero vino a preguntar porque estaban tan metidos en la conversación. Estas parejas son difíciles de atender porque cada vez que el mesero regresa, siente que está interrumpiendo algo importante. La risa, la intensidad, quizá el enojo, o incluso una lágrima o dos le dan forma a la conversación. Tales parejas son raras, pero esas son las que van a terminar la Búsqueda con un matrimonio íntimo. Y eso es porque pasan tiempo de intimidad juntos, no leyendo las noticias o hablando del clima, sino penetrando los lugares profundos de su corazón.

Encontrar la acallada paz necesaria para cultivar una relación basada en la conversación con Cristo es mucho más difícil hoy de lo que era hace un siglo. El ritmo acelerado del cambio y la explosión sin precedentes de la tecnología de información nos ha robado la habilidad de estar quietos. «Los seres humanos no fueron hechos para procesar todo lo que estamos pasando hoy», dice el futurista Watts Wacker.[7] Por un momento, considera estos hechos sorprendentes:

- Hoy, si uno vive en la ciudad de Nueva York, ve ocho mil mensajes comerciales diarios.
- El ritmo del cambio es tan rápido en la internet que el tiempo ciberespacial debe ser contado en años de perro: justo como un año de la vida de un perro equivale a siete años de nuestra vida, así un año en la internet es como siete años en la vida real.
- De las quinientas compañías de la revista Fortune en la lista de 1955, setenta por ciento ya no operan hoy en día.
- La información científica se duplica cada doce años. La información general se duplica cada dos años y medio.
- Una edición semanal del *New York Times* ahora lleva más información que lo que la persona promedio del siglo diecisiete hubiera podido haber digerido en toda su vida.
- Cerca de quinientas empresas estaban conectadas a la internet en 1983. Ahora existen por lo menos quinientos millones de hosts.
- Aproximadamente mil libros nuevos se publican a diario.

¿Ya te cansaste? «La velocidad de la vida está dejando marcas de neumático», dice con ingenio el historiador Leonard Sweet.[8] Y la broma no es muy graciosa. Estoy escribiendo en una cabaña recluida en las montañas en una granja de cuatrocientas cincuenta hectáreas, escondida en las sombras de las Grandes Smoky Mountains. Uno no puede estar más en quietud que esto. Sin embargo, desde que llegué aquí, he usado un fax, el correo electrónico, un teléfono celular, y ese viejo compañero, el teléfono. Estoy muy agradecido por estas herramientas de comunicación. El progreso en la tecnología de información es ciertamente un regalo de Dios. Sin embargo, estas bendiciones traen consigo una maldición. La maldición de construir nuestra casa en la supercarretera de la información es el ruido que todo el tráfico genera. La vida era bastante difícil en otras épocas. No me gustaría vivir en otra época más que en la actual. Pero piensa en lo silencioso que era el mundo hace unos años. El viaje histórico en barco a China del pionero misionero Hudson Taylor le tomó seis meses. Algunas veces la correspondencia al campo misionero tardaba un año en regresar. Cuando el presidente Lincoln se preguntó por qué el general McClellan no había atacado al sur, tuvo que ir en caballo ¡a preguntarle!

Undaunted Courage [Valentía extrema], el impactante best seller que narra la famosa expedición de Lewis y Clark, revela un mundo que se movía a un ritmo mucho más lento y que estaba lleno de más tiempo para reflexionar que el nuestro. Aprendemos que Meriwether Lewis caminó la mayor parte del viaje al Pacífico (con su perro, Seaman, a su lado) cubriendo aproximadamente cincuenta kilómetros al día en completa soledad. Cuando el clima se enfriaba, la vida se congelaba junto con él, y Lewis y su gente descansaban hasta el deshielo en la primavera.

> Como en muchas fortificaciones en la Frontera, la vida en el Fuerte Clatsop era casi insoportablemente monótona ... «Nada digno de mención», escribía Lewis en su diario día tras día. Con una o dos excepciones sus registros registraban las idas y venidas y éxitos o fracasos de los cazadores, la salud de los hombres, la dieta, sesiones de trueque con los Clatsop (la mayoría de las veces sin éxito) y nada más».

Nuestros antepasados vivieron en un mundo mucho más quieto. Ninguno de nosotros querría regresar a ese mundo (era un lugar muy atemorizante sin penicilina, cloroformo o resonancias magnéticas). Pero nuestra alma ha pagado un precio por los maravillosos avances tecnológicos de nuestro siglo. Hoy, desacelerar, centrarnos y estar con Jesús es sencillamente más difícil. Y adivina qué: la vida solo se va a volver cada vez más ruidosa.

Nosotros que queremos terminar nuestra Búsqueda necesitamos tomar decisiones intencionadas para pasar tiempo con Quién amamos. Debemos disciplinarnos para crear lugares seguros donde podamos compartir nuestro corazón con Jesús, escuchar sus palabras para nosotros, tener comunión con él en el sufrimiento, reír con él cuando nos rescata y aferrarnos a él mientras caminamos por los bosques oscuros que obstaculizan nuestra Búsqueda.

Las palabras del escritor británico de devocionales William Law son irritablemente verdaderas hoy como lo fueron cuando las escribió en 1728. «Si vas a hacer un alto y preguntarte a ti mismo por qué no eres un cristiano devoto como los primeros cristianos», Law declara llanamente, «tu propio corazón te dirá que no es por tu ignorancia, ni por falta de habilidad, sino únicamente porque nunca lo quisiste hacer por completo».[10] Debemos estructurar intencionalmente nuestra vida para que tengamos tiempo de pasarlo con nuestro Amado.

Cómo recapturar la historia

Una de las preguntas que le hago a las parejas que se están preparando para el matrimonio es: «¿Cuál es el propósito redentor de su matrimonio?». Les explico que Dios tiene un propósito especial para cada matrimonio, una visión única que entreteje sus historias y los prepara para servir a Dios mejor que lo que podrían hacerlo solteros. También les explico a las parejas que quienes pierden su visión redentora están en serios problemas. El matrimonio se sirve a sí mismo y comienza a desintegrarse más bien rápidamente.

La visión es el soplador que aviva las llamas de la intimidad en el matrimonio. Cuando Sandi y yo comenzamos a distanciarnos, es porque hemos perdido de vista la Historia única que Dios está escribiendo a través de nuestro hogar. Los tiempos que hemos programado para estar juntos nos reconectan con nuestra Historia. Nuestros ojos comienzan a mirar más allá de la confusión de lo inmediato al horizonte de nuestras esperanzas y sueños. Sandi me ayuda a redescubrir mis anhelos como pastor, padre, amante y escritor. Yo ayudo a desempolvar los deseos de su corazón que muy a menudo están escondidos debajo de una pila de ropa sucia. Salimos de estos tiempos renovados, concentrados y más profundamente enamorados.

Cualquier relación, si es redentora, existe para propósitos más allá de la autogratificación de quienes están en ella. Esto es decididamente verdad en nuestra relación con Cristo. La meta final de la intimidad espiritual no es la autorrealización, sino dar a luz visión. Nos acercamos a él para que nuestro corazón se haga uno con él para que podamos asociarnos mejor con él para cumplir con su oración de hacer en la tierra lo que se hace en el cielo. Aquellos cuyo peregrinaje ha fallado han olvidado hacer esto.

Cuando sir Galahad finalmente recuperó el Grial, las tierras del rey Pescador se volvieron fructíferas una vez más y el enfermo rey recuperó su sanidad. Esta es la visión máxima de la Búsqueda: restaurar al mundo y sanar a sus reyes heridos. Todos somos reyes en necesidad de sanidad. Y todas nuestras tierras están demasiado estériles.

Las historias como la Búsqueda del Santo Grial se mantienen vivas por siglos porque reflejan una historia más profunda revelada en las Escrituras. Esta historia más profunda es el cuento épico de la gente en un viaje hacia el corazón de Dios. Todos somos como Abraham, quien dejó su hogar confortable para seguir a Dios sin saber a dónde iba o donde iba a terminar. Y esto, después de todo, es lo que yace debajo de la idea de la Iglesia. La palabra griega para iglesia es «ekklesia», que significa: «los llamados a salir», gente en un peregrinaje.

Para que Jesús nos repita la Historia debemos estar a solas con él. A menudo, parece, Abraham se olvidó de la trama. Lo vemos escabullirse a un bosque solitario para estar cerca del Dios que lo llamó a salir. Vemos a Yahweh llenar los detalles de la historia de Abraham cuando pasa las pruebas de cada capítulo de fe. Más tarde, David el héroe trágico con una pasión espiritual que rivaliza solo con su lujuria, se escabulle para escuchar la Historia otra vez. Sus grandes salmos a menudo no son nada más, ni nada menos que el recuento de la historia.

Si es cierto que nuestra mente es bombardeada con ocho mil mensajes al día, entonces tiene sentido el que olvidemos tan a menudo nuestros parlamentos en el drama de la redención. Si es verdad que el *New York Times* en realidad está lleno de más datos en una semana que los que Jonathan Edwards vio en toda su vida en el siglo diecisiete, es fácil ver porqué a menudo confundimos lo trivial con lo profundo.

Los peregrinos de Dios deben hacer un esfuerzo deliberado, hoy más que en ninguna época en la historia, de sentarse a los pies del Narrador y reconectarse con la visión que están juntamente con él trayendo a cumplimiento.

Una de las decisiones más difíciles que he tomado en el ministerio fue cuando decidí apartar los jueves para ayunar y orar. Cuando comencé a tomar estos días, todo en mí gritaba en motín: «¡Tienes demasiadas responsabilidades como para hacer esto!», gritaban las voces en mi cabeza. «¿Qué tipo de pastor eres que necesitas alejarte de tu gente?». Ahora, esos días son el ancla de mi vida espiritual. Salgo de esos tiempos con la Historia en mi mente y la manera en la que encajo en ella. Estos tiempos con mi Amado me animan a continuar la Búsqueda, sin importar los Caballeros Negros que me esperan el viernes.

GUARDA TU CORAZÓN

Lancerote fracasó en su búsqueda porque falló en guardar su corazón. Su amor por la reina Ginebra, esposa de su amado rey Arturo, era mayor que su deseo de encontrar el Grial. Lancerote se encuentra con un sacerdote y le confiesa su pecado, pero solo en parte.

> —Así que tu pecado está confesado —dijo el sacerdote—. Ahora jura delante de Dios, mientras esperas su perdón, que te apartarás de la amistad de la reina, y que nunca estarás con ella excepto cuando otros estén presentes.
>
> —Lo juro —dijo sir Lancerote, pareciendo arrancar algo en carne viva y sangrando de su pecho.
>
> —Y que de ahora en adelante, ni siquiera desearás su presencia, ni estar con ella en tus pensamientos más íntimos —dijo el sacerdote; y sus palabras cayeron sin misericordia como golpes de hacha.
>
> —Lo... juro —dijo sir Lancerote, pero oró para sus adentros— Dios ayúdame... he hecho un juramento que no puedo cumplir.[11]

Los ejercicios que practicamos para proteger nuestro corazón de las Ginebras en nuestra vida son llamados disciplinas espirituales. «Ejercítate en la piedad»[12], nos recomienda Pablo. Debemos entrenar para terminar bien la carrera. El tiempo que se pasa a solas con Jesús, escuchando su corazón para nosotros y derramando nuestro corazón a él, es el «ejercicio» espiritual básico sobre el que los demás deben basarse. Podemos practicar numerosas disciplinas espirituales y leer muchos buenos libros de instrucción.

Tres disciplinas en particular me han ayudado a guardar mi corazón

LA DISCIPLINA DE LA CONFESIÓN

Los protestantes a menudo han criticado la doctrina católica romana de confesarse a un sacerdote sobre la base de que no necesitamos pasar por otra persona para estar bien con Dios. Mientras que esto es verdad, falla en reconocer la verdad correspondiente de que confesarnos los pecados entre nosotros puede ayudarnos a experimentar el perdón que Dios nos quiere extender. «Confiésense unos a otros sus pecados, y oren unos por otros, para que sean sanados»,[13] nos instruye Santiago.

Dios nos perdona cuando le confesamos nuestros pecados en privado, porque: «Dios, que es fiel y justo, nos los perdonará y nos limpiará de toda maldad».[14] Aun así, hay momentos en los que confesar un pecado a un compañero peregrino parece romper el poder del pecado con una fuerza mayor. Nuestro adversario odia la verdad y la luz. Algunas veces nuestros pecados ocultos, aunque sabemos que han sido perdonados, se comen nuestro tejido espiritual como un cáncer. Confesar nuestro pecado a otro trae el pecado a la luz y ayuda a la herida a sanar. El pecado confesado al ser sacado a la luz de la comunión cristiana rompe la opresión demoníaca y nos protege de creer mentiras. Cuando los hermanos y hermanas nos expresan perdón, ellos encarnan el perdón de Cristo.

Lo que más tememos, a menudo es lo mejor para nosotros. Estamos aterrorizados de ser expuestos, sin embargo eso es lo que nuestros corazones anhelan. Lancerote falló en hacer una confesión completa, aferrándose a su pecado oculto incluso cuando el sacerdote le rogaba que confesara. Muchos creyentes cometen el mismo error, y, como el caballero, fracasan en su peregrinaje.

LA DISCIPLINA DE PONERME EN LOS ZAPATOS DE OTROS

La energía del alma, si no se supervisa, se desliza rápidamente hacia el egoísmo. Estoy consternado de lo fácilmente que puedo estar preocupado solo por mí mismo: por mis necesidades, mis sentimientos, mis anhelos sin cumplir, mis problemas y mis preocupaciones. El egoísmo es el veneno del alma. Como Cristo es la esencia de enfocarnos en otros, darle refugio al egoísmo dentro de nuestro corazón destruye la comunión con él.

Cuando me identifico con el dolor de otros, recuerdo que el final feliz de la historia cristiana no es mi propia realización, sino la sanidad de mis compañeros caballeros.

Normalmente, tomo varios viajes cada año a otros continentes. El propósito declarado de estos es ayudar a nuestros misioneros con su importante labor. Sin embargo, estos viajes se han convertido en una disciplina espiritual en mi peregrinaje. Cuando visitó un país, especialmente en el tercer mundo, mi egoísmo es expuesto como la terrible mezquindad que es. ¿Cómo es que puedo molestarme por ver maleza creciendo en mi césped, o por no tener dinero extra para pizza cuando acabo de pasar una semana con personas que ganan cuarenta dólares al año y viven en casas en las que ni siquiera guardaríamos nuestras podadoras de césped?

Cuando la iglesia Fellowship Church comenzó, pasé un tiempo considerable cada semana proveyendo dirección espiritual al reunirme personalmente con la gente, de uno a uno. Cuando la iglesia creció y con ella mis responsabilidades, estas reuniones se volvieron cada vez menos. Mi tiempo fue absorbido por las demandantes responsabilidades administrativas de dirigir una iglesia grande. Durante mi época de agotamiento me di cuenta de que renunciar a esos momentos de compañerismo con mis compañeros peregrinos mientras siguen sus propias búsquedas me había robado el regalo de identificarme con la historia de otro. En cambio, ahora paso varias horas a la semana ayudando a los individuos a descubrir y cumplir su propio peregrinaje espiritual. Mi corazón es más rico por eso.

LA DISCIPLINA DE LAS HISTORIAS

Mi amor por la Biblia inicialmente me detuvo de valorar las grandes historias de la literatura, el arte, el cine y música. Recuerdo que una vez escuche a un predicador decir que Robert E. Lee nunca leía otra cosa que la Biblia basándose en que ninguna otra cosa valía la pena su tiempo. ¿Por qué molestarse con la literatura cuando uno tiene la Palabra de Dios? Desde entonces he descubierto que Dios sí habla a través de historias menores. Él ha utilizado canciones, poemas, libros y películas para escabullirse detrás de las cortinas de mi corazón y arreglar las cosas que he escondido allí. Cuando pierdo el sendero en el bosque oscuro y olvido que el Grial es lo que realmente estoy buscando, el Maestro Narrador utiliza una historia para ponerme de vuelta en el camino. Las buenas historias son todas pie de página de la verdadera Historia, tal y como Frederick Buechner nos ha hecho recordar. En un capítulo brillante sobre los cuentos de hadas Buechner escribe:

Es un mundo de magia y misterio, de profunda oscuridad y luz de estrellas parpadeante. Es un mundo en el que suceden cosas terribles y también cosas maravillosas. Es un mundo en el que la bondad es confrontada contra el mal, el amor contra el odio, el orden contra el caos, en una gran lucha en la que a menudo es difícil estar seguro quien pertenece a qué lado porque las apariencias son engañosas sin fin. Sin embargo, en toda su confusión y locura, es un mundo en el que la batalla finalmente la gana el bueno, quien vive feliz para siempre, y donde a largo plazo todo, lo bueno y lo malo termina siendo conocido por su verdadera naturaleza ... Así es el cuento de hadas del Evangelio con, por supuesto, una diferencia crucial del resto de las historias, que es la declaración de que este es verdad, que no solo sucedió una vez sino que ha seguido sucediendo desde entonces y hasta ahora.[15]

Obviamente, las historias también pueden ser peligrosas. Pasar demasiado tiempo escuchando la historia equivocada puede confundirnos grandemente en nuestra Búsqueda. Sin embargo, las buenas historias e incluso las no tan buenas, leídas con cuidado, nos pueden ayudar en el camino. Los héroes llaman al héroe en nosotros. Los necios revelan las consecuencias de las decisiones pobres antes de que las tomemos.

Más de una vez, cuando mi lado Baggins ha tratado de dominar, el lado Tookish me ha instado a seguir avanzando. Cuando un espíritu de rencor me ha hecho anhelar la justicia y carecer de gracia, a menudo reflexiono en las mágicas tres horas que pasé viendo la versión musical de *Los Miserables* de Víctor Hugo y el final desafortunado del inspector Javert. Cuando el peso del negocio del ministerio termina por echar fuera la compasión de mi corazón, el amado Padre Tim de Jan Karon me recuerda la razón por la que entré al ministerio en primer lugar.[16] Y cuando el poder y la codicia tratan de ganar terreno, el Charlie Croker de Tom Wolfe me recuerda hacia dónde lleva ese camino.[17] Charles Ashworth, cuyo peregrinar se cruzó tan poderosamente con el mío en una temporada oscura de mi vida, termina su historia con palabras que tomo como propias.

Estaba siendo atormentado ahora por ese viejo demonio, mi temor de ineptitud. Mientras me colocaba al cuello la cruz, recordé de nuevo a Darrow. Nos vi que estábamos en el jardín de hierbas, recordé como la palabra «valentía» había resonado en mi mente, y de pronto sin palabras podía pedir paciencia, fortaleza y la voluntad para soportar mis dificultades y la sabiduría para remontarlas.

Los demonios se fueron al estar abierto delante de Dios, y una vez más pase por la puerta estrecha en respuesta a mi misterioso llamado. Mi nueva vida en el servicio a Dios se presentaba delante de mí; sabía que no había vuelta atrás. Solo podía ir en la fe absoluta de que un día su propósito se vería claramente revelado, y a la luz de esa fe la oscuridad de mi ansiedad fue extinguida ... las famosas palabras de San Agustín resonaban en mi mente: «Oh Dios, tú nos has hecho para ti mismo, y nuestros corazones no tienen descanso, sino hasta que descansamos en ti».[18]

CAPÍTULO ONCE

MOMENTOS ESPECIALES

Jonathan Edwards, el brillante teólogo del siglo diecisiete cuyos escritos y sermones avivaron las llamas del Gran Despertar, encarna el compromiso con las disciplinas espirituales que consideramos en el capítulo anterior. Desde el momento de su conversión Edwards parecía comprender que el crecimiento cristiano es: «Obedecer largo tiempo en la misma dirección», lo cual requiere la más honesta dedicación. Poco después de su conversión, pudo apartar tiempo durante sus estudios en Yale y escribió en una libreta setenta «Resoluciones» espirituales que detallaban su plan de crecimiento espiritual. «He resuelto», decía una de ellas, «estudiar las Escrituras tan firme, constante y frecuentemente de tal forma que me pueda encontrar y percibir a mí mismo creciendo en el conocimiento de las mismas». Su biógrafo nos dice que continuó pasando trece horas al día a solas con Dios orando, estudiando y ayunando durante la mayor parte de su vida adulta.[1] Estas disciplinas lo sostuvieron en una vida y un ministerio difíciles.

Fue relevado de sus tareas como pastor de la iglesia First Church de Northhampton a la edad de cuarenta y seis años y no podía encontrar una iglesia que lo quisiera. Con su salud fallándole, tomó un puesto como misionero a los hostiles indios Mohawk en la frontera oeste de Nueva Inglaterra, luego aceptó la invitación de ser presidente de la universidad Princeton College, una posición mucho más apropiada para sus dones. Menos de dos meses después de su felizmente aguardado nuevo puesto en el invierno de 1758, Edwards enfermó de viruela. Momentos antes de morir, clamó a Jesús: «Mi verdadero amigo que nunca me fallaste», y consoló a su familia llorosa con una frase final: «Confíen en Dios y no van a necesitar el temor».[2] Jonathan Edwards terminó su Búsqueda sin voltear para atrás.

El encuentro divino de Jonathan Edwards

Estaríamos equivocados si le atribuyéramos la fidelidad y perseverancia de Edwards solamente a su disciplina espiritual. Repetidos a lo largo de su peregrinaje hubo momentos de intenso placer espiritual que impulsaron su «afecto religioso» por su Amigo que nunca le falló. Edwards describe uno de esos momentos en un párrafo ahora famoso.

> En 1737 cabalgué hacia el bosque. Habiendo descendido del caballo en un lugar retirado, como solía hacerlo, para caminar y tener contemplación y oración, tuve una visión que para mí era extraordinaria, de la gloria del Hijo de Dios, como mediador entre Dios y los hombres, y de su maravillosa, grande, plena pura y dulce gracia y amor ... La persona de Cristo parecía inefablemente excelente con una excelencia lo suficientemente grande como para tragarse todos los pensamientos y conceptos, lo cual continuó, hasta donde puedo juzgar, cerca de una hora; tanto como para mantenerme gran parte del tiempo en un fluir de lágrimas y llorando en voz alta. Sentía un ardor en el alma como si estuviera siendo, lo cual no sé cómo expresar de otra forma, vaciado y aniquilado; de estar postrado en el suelo, y de ser llenado solamente de Cristo.[3]

Edwards no vivió de una dieta constante de esas experiencias. Pero sus escritos revelan un viaje espiritual que incluía momentos sagrados de intensa pasión espiritual. Estudia las travesías de los héroes de la fe y a menudo vas a encontrar que aquellos que terminaron bien, tuvieron su porción de encuentros íntimos en el camino.

Fuego

Blaise Pascal, el reconocido filósofo y teólogo francés, cierta vez tuvo un encuentro con la asombrosa presencia de Dios en una forma tan poderosa que mantuvo un registro escrito de ello cosido al forro de su chaqueta. Le puso como título: «El Memorial».

> En el año de la gracia, 1654, el lunes 23 de noviembre ... después de pasadas las diez y media de la noche hasta casi pasadas las doce:
> FUEGO,
> Dios de Abraham, Dios de Isaac, Dios de Jacob, no de filósofos y eruditos.
> Certeza. Certeza. Sentimiento. Gozo. Paz.
> Dios de Jesucristo.

Deum meum et Deum vestrum (Mi Dios y su Dios)...

Gozo, gozo, gozo, lágrimas de gozo...

Que nunca sea yo separado de él.

Nos mantenemos asidos a él solo por los caminos enseñados
en el Evangelio.

Renuncia, total y dulce.

Total sumisión a Jesucristo...

En gozo eternamente por un día de entrenamiento en la tierra.[4]

El cristianismo es diferente de las demás religiones por su «teología de
la presencia». Creemos en un Dios que se muestra, que irrumpe en nuestra
presencia en formas que siempre son reales y a veces incluso sentidas.
Algunas veces estos encuentros nos marcan para siempre.

«TODO LO QUE HE ESCRITO PARECE PAJA»

La teología de Tomás de Aquino la conocí por
primera vez en un curso de introducción a la
filosofía. Los escritos de Tomás son tan
brillantes y tan exhaustivos que le dimos al
profesor que dio la cátedra sobre ellos una
ovación de pie cuando terminó. (No recuerdo
si el aplauso surgió de la gratitud o de un sentir
de alivio.) Busca a este formidable superhombre
en la biblioteca y vas a encontrar veinticinco
volúmenes extensos de su obra.

El cristianismo es diferente de las demás religiones por su «teología de la presencia».

Pocos meses antes de morir, de Aquino estaba oficiando la misa cuando
Dios lo tocó tan poderosamente que nunca pudo escribir otra palabra. Esto
conmocionó a las personas que lo conocían y le rogaron que siguiera escribiendo: «No puedo», respondió el gran erudito. «Todo lo que he escrito parece
paja en comparación con lo que he visto y que me ha sido revelado».[5]

EL «DIOS CON NOSOTROS»

Mientras escribo, es Navidad. Enterrado bajo capas de ruido y publicidad
hay villancicos antiguos cazando a aquellos que escuchan con la esencia de la
temporada en mente.

Oh ven, oh ven, Emmanuel...

Emmanuel: Dios con nosotros. Un Dios que se preocupa lo suficiente
como para acercarse. ¿Pero qué tan cerca?

Comencé a luchar con esta pregunta en 1992 mientras estaba predi-
cando del quinto capítulo de Romanos. El texto perturbador que inició mi

lucha fue el versículo cinco: «Dios ha derramado su amor en nuestro corazón por el Espíritu Santo».

Yo creo que Dios me ama. Pero no podía realmente decir que sentía que Dios me amaba. Y nunca había conocido nada cercano a sentir su amor siendo «derramado» en mí. Recuerdo que cerré mi Biblia, me puse el abrigo y salí a tomar un paseo al bosque. «Dios», oré, «¿quieres que experimente tu amor? ¿Deben existir momentos en los que realmente sienta tu amor siendo derramado en todo mi ser? Eso me encantaría, pero está tan lejos de lo que he experimentado, que me molesta incluso desearlo».

Me senté largo rato en un tronco y medité en lo que significaba en verdad conocer a este Emmanuel, Dios con nosotros. ¿Qué tan cerca de nosotros realmente quiere estar?

BUSQUEMOS UN ABRAZO DIVINO

Encontré una respuesta que me hizo sentido en las palabras del puritano Thomas Goodwin. Describe a un hombre y su pequeño niño caminando de la mano por un camino rural. El niño sabe que su padre lo ama, que es el niño de su padre, y que está muy contento de serlo. De pronto el padre, movido por cierta influencia que el niño no puede comprender, lo levanta, lo acurruca en sus brazos, lo abraza lo besa y luego lo baja otra vez, y se van caminando juntos.[6] Me di cuenta de que eso era lo que estaba buscando. Sabía que el Padre me ama, y vivía en la conciencia de que está a mi lado, pero también anhelaba un abrazo divino.

Como relaté en el capítulo siete, Dios liberó mi lenguaje espiritual en una cabaña cerca del bosque que muy a menudo había escuchado mis clamores al Dios con nosotros. Por la primera vez en mi vida literalmente sentí el amor de Dios siendo derramado sobre y a través de mí. Siempre había creído teológicamente que Dios está cerca de mí, porque esta es la promesa del nuevo pacto. Sabía que él vive en mi corazón, y yo disfrutaba su quieta presencia interna. Pero ese día Dios me abrazó. Y estoy agradecido por eso.

He tenido algunos otros abrazos divinos en mi peregrinar. Estas maravillosas experiencias, algunas de las cuales son demasiado personales para relatarlas aquí, no son los medios primarios a través de los cuales crezco espiritualmente. Ocurren solo raras veces, y puedo sobrevivir sin ellos. Pero cuando vienen ¡qué bien se sienten! Me recuerdan que la Búsqueda vale la pena y que al que estoy buscando es tanto cercano como real.

SEGURIDAD EXTRAORDINARIA

Hemos recibido: «El Espíritu que los adopta como hijos y les permite clamar: "¡Abba! ¡Padre!" El Espíritu mismo le asegura a nuestro espíritu que somos hijos de Dios».[7] Estoy agradecido por las muchas maneras en que el Espíritu silenciosamente me asegura de mi lugar especial en la familia de

Dios. El Espíritu de Dios le dice a mi espíritu que soy el hijo especial de Abba cuando las palabras de mi lectura matutina de la Escritura tocan los desafíos que están delante de mí en el día. Siento la confirmación de Abba cuando responde a mis oraciones privadas en formas que solo él y yo sabemos. Su Espíritu testifica de su amor por mí en la risa de mis hijos, el abrazo de mi esposa, el compañerismo de amigos de toda la vida. Estos son regalos y valoro cada uno de ellos.

Sin embargo, estoy aprendiendo que algunas veces nuestro Abba nos testifica de su gran amor por nosotros al sobrecogernos también en los sentidos. D. Martyn LloydJones, el gran predicador británico que mezclaba la pasión y la doctrina tan bien, le encantaba hablar acerca: «De la acostumbrada seguridad de un hijo de Dios», y de: «Seguridad extraordinaria».[8] Recibimos: «Un sentir inusual de la presencia de Dios ... Lo que el Espíritu Santo hace es hacer real para nosotros las cosas que solo habíamos creído por fe, las cosas acerca de las cuales no habíamos tenido sino solo un tipo de certeza indirecta. El Espíritu Santo hace esas cosas inmediatamente reales».[9]

«ENTENDÍ QUE ESTA ERA LA MANO DE DIOS»

Jackie se encontró anhelando un encuentro más profundo con el Espíritu Santo al leer el libro de los Hechos. Le mencionó esto a una amiga, quien la invitó a ir a su pequeño grupo para que oraran por ella.

«Me ungieron con aceite y me impusieron manos y comenzaron a orar», recuerda Jackie. «Oraban porque Dios derramara su Espíritu en mí, me diera una llenura fresca del Espíritu Santo. Casi inmediatamente me hice consciente de una sensación que estaba subiendo por mi cuello, por ambos lados de mi garganta. Se sentía como un impulso eléctrico, pero diferente, más suave, vivo ... lento, fluyendo y decidido».

Dios estaba respondiendo su oración. «Mis pensamientos de absoluta sorpresa se volvieron a maravillarse y asombrarse cuando entendí que esta era la mano de Dios.

Tanto la historia bíblica como la historia de la Iglesia repetidamente registran momentos especiales en que la presencia de Dios se manifiesta de manera tangible.

Comencé a llorar. Estaba abrumada por algo nuevo en mi entendimiento de Dios». El Espíritu Santo le estaba enseñando a Jackie a través de sus sentidos lo que ya sabía mentalmente. «Siempre había estado consciente de lo alto que está el Señor. Pero ahora estaba consciente de lo cerca que está. No puedo decir que ninguno de estos pensamientos sea nuevo para mí. Dios ya me lo había revelado en su Palabra, pero sentí como si Dios levantara el velo solo un poco para dejarme ver. Nunca esperé que me tocara en una manera en la que pudiera sentirlo físicamente. ¡Qué increíble! Desde ese día he estado más convencida de cuánto él está dispuesto a ser conocido».

Las experiencias como esta no son nuevas entre el pueblo de Dios. Tanto la historia bíblica como la historia de la Iglesia repetidamente registran momentos especiales en que la presencia de Dios se manifiesta de manera tangible. El Dr. John Owen, teólogo puritano principal y profesor en Oxford, describe estos toques especiales cuando el Espíritu derrama gozo en nuestro corazón: «Él secretamente lo infunde y lo destila en el alma», escribe Owen, «prevaleciendo contra todos los temores y pesares, llenando con alegría, con gran regocijo y algunas veces con arrebatos inefables de la mente».[10]

LA HISTORIA DE TREVETTA

La historia bíblica revela a un Dios con nosotros que escoge estar con su pueblo en algunas formas asombrosas. Incluso Jesús, quien ciertamente conocía el favor de su Padre momento a momento, se le dio la gracia de un toque especial en su bautismo. Cuando salió del agua: «Vio al Espíritu de Dios bajar como una paloma y posarse sobre él. Y una voz del cielo decía: "Este es mi Hijo amado; estoy muy complacido con él"».[11] Incluso Jesús disfrutaba de momentos especiales de la afirmación tangible del amor de su Padre por él.

Travetta es un artista talentoso y un director de adoración cuya batalla con la artritis significa tener una batalla diaria con el dolor, la rigidez y la fatiga. Su dolor físico le ha hecho inmensamente difícil llevar a cabo su llamado en la adoración. Asistió a un congreso de adoración en el que el orador inaugural predicó un mensaje llamado: «Dolor, desconcierto y progreso» basado en el libro de Job. La plática conmovió a Travetta profundamente.

«Después de la sesión matutina tomamos un receso para disfrutar de un refrigerio», ella recuerda. «En la sala de exhibición vi una estatua de la "Novia de Cristo". El corazón de la Novia estaba inclinado hacia Dios con sus hombros hacia atrás mientras se rendía a él. ¡Era impresionantemente hermosa!» Dios estaba usando una obra de arte para preparar a esta artista para un toque especial de su Espíritu. «Después del refrigerio nos reunimos para un momento de adoración. Sentí que el Señor me pedía que aceptara esta temporada de dolor como un refinamiento para mi llamado. Levanté la mano para decir: «Sí». Inmediatamente, todo mi cuerpo comenzó a cosquillear con una sensación cálida. ¡Entonces lo vi! Jesús estaba arrodillado justo frente a mí con sus ojos directamente frente a los míos, como cuando uno propone matrimonio. Dijo que estaba complacido por mi aceptación de esta prueba y que él iba a estar conmigo literalmente cada paso del camino».

Travetta me dijo que este encuentro la animó grandemente en un peregrinaje que es cuesta arriba y a menudo doloroso.

TAL Y COMO ÉL DETERMINE

Algunas veces la Escritura se refiere a la caída del Espíritu Santo sobre los creyentes, a menudo con resultados dramáticos. «El SEÑOR descendió en la nube y habló con Moisés, y compartió con los setenta ancianos el Espíritu que estaba sobre él. Cuando el Espíritu descansó sobre ellos, se pusieron a profetizar».[12] El Espíritu de Dios cayó de una manera similar sobre el rey Saúl, liberando en él la habilidad de profetizar.[13] Cuando Pedro predicó a los miembros de la casa de Cornelio «el Espíritu Santo descendió sobre todos los que escuchaban el mensaje ... los oían hablar en lenguas y alabar a Dios».[14] Un evento similar ocurrió cuando Pablo ministró el Evangelio en Éfeso. Encontró a un grupo de discípulos que no sabían mucho acerca del Espíritu Santo y oró por ellos. «Cuando Pablo les impuso las manos, el Espíritu Santo vino sobre ellos, y empezaron a hablar en lenguas y a profetizar».[15]

Pero, ¿es qué Dios todavía toca a los creyentes de esta manera? ¿Debemos esperar, incluso orar, por experiencias especiales después de la conversión?

Determinado a averiguarlo, pasé dos semanas enterrado en la biblioteca de un seminario tratando de responder esta pregunta. Saqué cada libro que pude encontrar acerca de la obra del Espíritu en la vida del creyente y comencé a pasar las hojas de cada uno, una por una. La mayoría de los estudiantes estaban de vacaciones, así que esparcí lo que con el tiempo se convirtió en más de cien títulos sobre las largas mesas de roble de la biblioteca. Por el tiempo en el que terminé, conocía a los bibliotecarios por nombre e incluso me llevé a algunos a comer para pagar la «renta» por haber usado sus mesas. En poco tiempo, tuve dos pilas de libros balanceándose sobre mi ordenador portátil y cayendo sobre el cubículo de junto.

Los libros en la primera pila estaban escritos por eruditos evangélicos con quienes había crecido. Sus argumentos eran familiares y cómodos. Los evangélicos veían los pasajes de Hechos 10 y Hechos 19 y enfatizaban la naturaleza única y transitoria del libro de los Hechos. El Antiguo Pacto está abriendo paso al Nuevo Pacto. El libro de los Hechos registra un cambio de guardia y es normal que haya un poco de fuegos artificiales para celebrar el inicio de un nuevo tipo de reino. Una vez que la transición se ha completado, no debemos seguir esperando fuegos artificiales espirituales. Salí del seminario creyendo que el Espíritu Santo ya no hace hoy lo que hizo en Éfeso o en la casa de Cornelio. Sin embargo, algo no parecía ajustar en su lugar para mí al releer estos libros. Incluso si el libro de los Hechos registra un periodo único y transitorio en la vida del pueblo de Dios, ¿quiere decir que el Espíritu Santo nunca va a volver a venir sobre su pueblo de una manera especial? Esta conclusión parecía ir más allá de la evidencia.

Los libros en la segunda pila eran mucho menos familiares para mí. Estaban escritos por autores pentecostales y carismáticos. Ellos argumentaban que el patrón que vemos en Hechos (salvación, después un toque del Espíritu Santo, evidenciado por hablar en lenguas) es la manera en la que el Espíritu Santo todavía obra hoy en día. Esto también, parecía ir demasiado lejos. ¿Dónde ha dicho el Espíritu Santo que va a hacer lo mismo dos veces? Las dos pilas de libros me parecía que representaban dos maneras extremas de tratar con el ministerio del Espíritu Santo en la vida del creyente. La primera decía: «Nunca va a actuar de esa manera otra vez». La segunda decía: «Siempre va actuar de esa misma manera».

Me puse el abrigo, le aseguré al bibliotecario que ordenaría todo antes de que terminara la noche, y salí a una noche de invierno sin estrellas. Mi aliento formaba pequeñas nubes delante de mí, le di vuelta a los terrenos del seminario varias veces, luchando con mi insatisfacción con las dos posiciones tradicionales, la evangélica y la pentecostal, sobre la obra del Espíritu Santo en la vida del creyente. Aproximadamente en mi tercera vuelta alrededor de la escuela vacía, el comentario de Pablo acerca de la soberanía del Espíritu parpadeó en mi mente. Al hablar de los dones del Espíritu Pablo dice: «Todo esto lo hace un mismo y único Espíritu, quien reparte a cada uno según él lo determina».[16]

El Espíritu Santo es soberano, dispuesto y capaz de hacer lo que quiera. No debemos decir *nunca* y no debemos decir *siempre*.

«Según él lo determina». Creo que es la respuesta a la pregunta: «¿Cómo trabaja el Espíritu Santo en la vida del creyente hoy en día?». Obra según él le determina. Él es soberano, dispuesto y capaz de hacer lo que quiera. No debemos decir *nunca* y no debemos decir *siempre*. Debemos decir: «Según él lo determina». Él te va a tocar a ti de una forma y me va a tocar a mí de otra. No podemos utilizar la perspectiva de «una talla para todos» con la obra y ministerio del Espíritu. Cada encuentro es tan fresco y nuevo como la necesidad que lo provocó.

¿Por qué es que parecemos ser atraídos a hacer que los datos bíblicos digan más de lo que dicen realmente? ¿Por qué debemos acomodar las historias bíblicas en el molde arbitrario de nuestras propias suposiciones teológicas? ¿Por qué debemos apresurarnos a establecer una formula? La única conclusión que podemos sacar con certeza del libro de los Hechos es que a veces el Espíritu Santo toca a personas de una manera que provoca que profeticen o hablen en lenguas. Nada en el texto nos da el derecho a decir nunca o siempre. Permitámosle al Espíritu ser el Espíritu. Él nos va a tocar según él lo determine.

La manera más segura de convertir una experiencia genuina espiritual en un legalismo mortal es comenzar a comparar nuestros encuentros con Dios con las experiencias de otros. Ningún padre trata a cada hijo de la misma manera. No debemos esperar que el Espíritu nos trate a cualquiera de nosotros exactamente en la misma manera. Cuando nos sometemos a la soberanía del Espíritu, mucha presión es desalojada. No tengo que probar que tu experiencia está mal porque no es semejante a la mía, y tú no tienes que asegurarte que he tenido las mismas experiencias que tú has tenido. Cuando nos damos gracia y libertad para recibir los dones y bendiciones del Espíritu según él lo determine, todo el cuerpo de Cristo se vuelve más sano. Y estamos en una mejor posición para recibir y apreciar las historias como la de Byron y Betty.

Hasta las seis de la mañana

Byron es un anciano en nuestra iglesia. Él y su esposa Betty, invirtieron las horas de su retiro merecidamente ganadas en pastorear la congregación. Al principio de la década de los setenta, Byron y Betty habían sido maestros de Escuela Dominical en una iglesia presbiteránea conservadora grande. Durante ese tiempo, Betty escuchó a un pastor bautista en la radio enseñar acerca de sanidad así que llevó a una amiga que sufría de separación de retina para visitar a este hombre. Mientras el pastor Frank oraba por sanidad, una brisa cálida sopló a lo largo de la habitación. El Espíritu Santo vino sobre Betty, y ella comenzó a hablar en lenguas. El pastor Frank les dijo que estaría feliz de orar por cualquiera que quisiera conocer más acerca de una experiencia más profunda con el Espíritu.

La noche siguiente, cuando ella y Byron se reunieron con otras dos parejas de su estudio bíblico semanal, uno de los esposos comenzó la noche compartiendo que había estado leyendo un libro acerca de una experiencia más profunda con el Espíritu. Preguntó si alguien sabía de lo que estaba hablando. Él quería saber. Betty tocó una cinta que el pastor le había dado. Profundamente conmovido el grupo llamó al pastor Frank, quien estuvo de acuerdo en ir a orar por ellos. Llegó después de medianoche. Byron, quien fumaba tres cajetillas de cigarrillos al día, había estado orando durante seis semanas por una nueva llenura del Espíritu y el poder para dejar de fumar. Mientras el pastor Frank comenzó a orar por Byron, Byron se desplomó al suelo y comenzó a gemir y a toser flemas. Esto siguió durante dos horas. Después de que la tos se detuvo, Byron levantó sus manos al cielo y comenzó a orar en lenguas, sin parar hasta las seis de la mañana. Byron cree que fue liberado de una atadura demoníaca esa noche, porque no ha fumado de nuevo desde esa noche.

Ha sido ya un cuarto de siglo desde que el Espíritu Santo cayó sobre Byron con tal poder. Byron y Betty son personas de la Palabra que han caminado a través de muchos bosques oscuros en su propio caminar espiritual.

Esa noche especial fue un regalo divino que los fortaleció en su Búsqueda de por vida para conocer y servir a Dios. No hablan mucho de sus experiencias en nuestra iglesia, sino que en lugar de eso se contentan con permitir que el Espíritu ministre a las personas a su alrededor según él determine.

MOMENTOS ESPECIALES EN CONSEJERÍA

Mi creencia en la soberanía del Espíritu ha cambiado la manera en que oro por la gente en consejería. Tomé muchas clases de consejería en la maestría. En los primeros años de mi ministerio diligentemente aplicaba los frutos de mis estudios psicológicos en mis citas de consejería pastoral. Algunas veces las personas que aconsejaba recibían ayuda; a menudo se iban tan quebrantadas como habían venido. Esto era desalentador tanto para el congregante como para el pastor, y durante un tiempo dejé completamente de aconsejar.

Nuestro viaje espiritual a veces nos lleva a lugares no sanados para que podamos llevar este dolor delante del toque sanador de Cristo.

Cuando mis puntos de vista comenzaron a cambiar acerca de la manera en que el Espíritu toca la vida de un creyente, mi perspectiva de la consejería cambio también. En lugar de utilizar una perspectiva de consejería y una estrategia obtenida del posgrado, ahora comienzo por sencillamente invitar al Espíritu Santo a dirigir nuestro tiempo juntos. No tengo un programa establecido, pero trato de ser sensible a lo que el Espíritu quiere hacer en la vida de la persona ese día. La mayoría de las veces el Espíritu obra calladamente para remover las barreras básicas que nos evitan crecer espiritualmente. Él va a sacar a la superficie pecados que necesitan ser confesados, mentiras a las cuales renunciar y que deben ser reemplazadas con la verdad de la Escritura, o patrones de vida destructivos que pueden ser cambiados al aplicar principios bíblicos básicos.

Sin embargo, algunas de nuestras luchas provienen de lugares más profundos. Nuestros mundos internos son universos maravillosos y misteriosos con tanta complejidad como cualquier galaxia estelar. Las heridas recibidas décadas antes están todavía vivas en este mundo interior, y si no hemos tratado con ellas bíblicamente, supuran, se infectan y sangran. Nuestro viaje espiritual a veces nos lleva a lugares no sanados para que podamos llevar este dolor delante del toque sanador de Cristo. Sin embargo, es típico que no estemos completamente conscientes de estas heridas ni podamos evocarlas a voluntad. Mecanismos de defensa cuidadosamente construidos y meticulosamente diseñados para protegernos del dolor, han mantenido esos lugares secretos lejos de nuestra mente consciente. Cuando Dios quiere sanar una herida emocional, comienza a llamar nuestra atención permitiendo que suban algunas pistas a la superficie desde los profundos depósitos de nuestro interior. Podemos encontrar enojo que nos sabíamos que teníamos, lujuria que es irracional y sin fundamento, o temores que explotan en la superficie de nuestra mente consciente a través del portal de nuestros sueños. No importa lo duro que lo intentemos, no podemos esconder estos síntomas perturbadores debajo de la superficie donde pertenecen. Nuestros mecanismos de defensa trabajan horas extra para mantenerlos escondidos.

¿Cómo podemos desmantelar estos dispositivos de protección lo suficiente para permitirnos dar un buen vistazo a lo que está debajo? ¿Cómo podemos tener acceso a estos misterios internos y traerlos a la luz sanadora de Cristo? Los toques especiales del Espíritu Santo nos ayudan a atravesar estas barreras. Una y otra vez he observado con asombro la manera en que el maravilloso Consolador vence los mecanismos de defensa de la mente y libera las emociones cautivas y escondidas debajo de la conciencia.

Algunas veces el don del lenguaje espiritual es liberado, y las emociones dolorosas acalladas que han estado enterradas por años comienzan a derramarse. Otras veces el Espíritu da una visión suave que describe el mundo interno quebrantado todavía mejor que lo que las palabras podrían hacerlo. Emociones que nunca han sido sentidas, pero que deben ser sentidas para ser perdonadas y sanadas, brotan. Ocasionalmente la persona por la que se ora descansa en el Espíritu, un estado consciente, pero relajado que suelta las cadenas de protección que atan memorias dolorosas, y las libera para orar por su sanidad.

El Espíritu Santo es un Espíritu creativo, y a menudo utiliza nuestra imaginación para renovar nuestros mundos internos. Theresa fue a una conferencia en que una consejera talentosa estaba hablando acerca de la oración de sanidad. Cuando comenzó a hablar acerca de temores, Theresa sintió que Dios tenía algo para ella ese día.

«Nos dijo que nos imagináramos que nuestro mundo interno era como un jardín», recuerda Theresa. «Le pedimos a Dios que nos mostrara la maleza en nuestro jardín. Me sorprendí al encontrar un árbol gigante justo en el centro de mi jardín».

La persona que estaba dirigiendo el tiempo de oración dijo: «Algunos de ustedes quizá vean un árbol. Desarráiguenlo y entréguenselo al Padre».

Theresa comenzó a sentir que ese árbol representaba el temor. Ella le pidió a Dios que lo removiera. «Sentí la sensación del árbol siendo desarraigado, dejando un hueco en el suelo. Un consejero de oración me impuso manos y el hueco que había dejado el árbol fue llenado de tierra. Me sentí aliviada, eufórica. Dios sanó algo en mí que había sido lastimado cuando niña. Al ver hacia atrás, puedo reconocer que la oración de sanidad fue el punto de partida de un viaje para mí. Salí de ese lugar teniendo presentes algunas cosas que nunca había sabido antes».

El toque especial del Espíritu trajo sanidad a la vida de Theresa, sacando a la luz y limpiando una herida de la infancia que ella no sabía que estaba allí.

¿ABRAZAREMOS A ESTE «DIOS CON NOSOTROS»?

Jesucristo es Emmanuel, el Dios que está con nosotros. El Salvador que se ha acercado. Pero, ¿qué tanto le permitiremos acercarse? ¿Abrazaremos al Dios que se acerca lo suficiente para tocarnos? Para muchos la respuesta es no.

En su libro *Teaching a Stone to Talk* [Cómo enseñarle a una piedra a hablar] Annie Dillard describe un frustrante servicio de Adviento en la iglesia, la época que el calendario eclesiástico dedica a reflexionar en la Compañía de Dios.

En el segundo domingo de Adviento ... Nadie, ni siquiera el organista, podía encontrar el himno introductorio. Luego nadie se lo sabía. Luego, de todos modos nadie lo pudo cantar ...

Santo, Santo, Santo, Señor
Dios de Poder y Fuerza
Los cielos y la tierra están llenos de tu gloria...

¿Alguien tiene aunque sea la idea más nebulosa del tipo de poder que invocamos tan superficialmente? O, como sospecho, ¿alguien cree por lo menos una palabra de eso? ... Es locura llevar sombreros de palma o sombreros de terciopelo a la iglesia; todos deberíamos estar usando cascos de protección contra choques. Los ujieres deberían repartir equipo de supervivencia y luces de bengala; y nos deberían poner cinturón de seguridad en las bancas. Porque el dios dormido podría despertarse un día y ofenderse, o ese dios al despertarse podría enviarnos a un lugar de donde nunca podríamos volver.[17]

CAPÍTULO DOCE

LA INTIMIDAD Y EL NACIMIENTO
DE LA VISIÓN

El otro día me recosté en la cama de mi hija y miré dentro de unos ojos azules que podrían haber sido los míos. Mis ojos se mantuvieron fijos en los suyos mientras hablábamos sobre las nimiedades de la vida en la escuela de educación media, pero mis pensamientos se escabulleron a la tarde lluviosa de julio doce años antes cuando la trajimos a casa del hospital. «¿Por qué todos están tratando de golpear nuestro carro?», le pregunté a Sandi, dando la vuelta cuidadosamente en nuestro Citation 1981 para entrar al estacionamiento de Burger King de la misma forma en la que un estudiante de segundo año da la vuelta en su primer día de la clase de manejo. «No lo están», sonrió. «Estás nervioso».

Yo estaba nervioso. También estaba maravillado. Acababa de ser testigo del nacimiento de un bebé, mi bebé, y todavía no me recupero. El nacimiento de cada uno de nuestros hijos para mí fue un misterio sagrado. Sus entradas triunfales al mundo nunca fueron un acto de rutina para nosotros. De hecho, estaba tan emocionado cuando nuestro último hijo nació que pacientemente coloqué la cámara de video sobre su trípode para capturar el evento para la eternidad; y luego procedí a pararme enfrente de ella tapando la vista durante todo el parto. El producto de la unión íntima del matrimonio suele ser el nacimiento de hijos. La concepción nace de la comunión íntima. Las primeras páginas de la Biblia revelan que la unión sexual está en el corazón de la estrategia redentora de Dios para el mundo. Leemos: «Hombre y mujer los creó». Entonces Dios bendice a la pareja y dice: «Sean fructíferos y multiplíquense; llenen la tierra y sométanla».[1]

La intimidad espiritual con Cristo es tan profundamente satisfactoria. Sin embargo, la espiritualidad íntima no es un fin en sí misma. Dios ha ordenado que lo «conozcamos», íntimamente, que nos volvamos fructíferos espiritualmente y multipliquemos su reino alrededor de la tierra. Cuando conocemos a Dios íntimamente, él nos hace concebir su visión, una imagen de lo que él quiere hacer en y a través de nuestra vida. El fruto de la unión íntima con Cristo es dar a luz; la concepción de la visión de Dios para nuestra vida.

Nos preguntábamos al principio de este libro si una relación con Cristo podía tocar nuestras necesidades más profundas. Puede, lo hace y lo hará. Esta puede ser una pregunta sabia para comenzar un libro, pero no es la pregunta final que debe ser preguntada. El Hijo de Dios no existe para satisfacer nuestras necesidades. Nosotros existimos para satisfacer las suyas. Él nos llama para conocerlo tan íntimamente que podría hacernos concebir una visión fresca y hacer crecer su reino en la tierra a través de nosotros.

LA PÉRDIDA DE UNA VISIÓN

Pocos hombres han estado destinados a la grandeza más que Meriwether Lewis. El brillante explorador estadounidense cuyo liderazgo en la famosa expedición Lewis y Clark al Pacífico y de vuelta se compara con las de Colón, Magallanes y Cook como uno de los aventureros más grandes del mundo. Lewis, el hijo de un caballero agricultor de Virginia, se unió a la milicia de Virginia durante la Rebelión del Whisky y rápidamente avanzó por los rangos, ganándose la reputación de un hombre que conocía las tierras salvajes y los indios que las habitaban tan bien como cualquiera podría hacerlo. Cuando un paisano suyo de Virginia llamado Thomas Jefferson, recientemente hecho presidente de los Estados Unidos, lo invitó a convertirse en su asistente personal. El capitán Lewis aceptó y se encontró a sí mismo inmerso en uno de los momentos más electrizantes de la historia estadounidense.

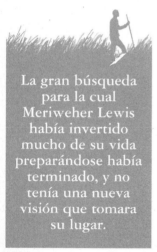

La gran búsqueda para la cual Meriweher Lewis había invertido mucho de su vida preparándose había terminado, y no tenía una nueva visión que tomara su lugar.

Jefferson tenía la visión de una gran nación expandiéndose de costa a costa. Aborrecía el pensamiento de que su precioso continente fuera trozado en pequeños estados hostiles entre sí como lo había sido Europa. Preocupado por los avances de los franceses y los españoles, el presidente vio la necesidad de explorar el Oeste y reclamarlo para los Estados Unidos. Sobre todo, quería encontrar un pasaje de aguas que uniera al Atlántico con el Pacífico. Lewis parecía ser singularmente ajustado para dirigir un viaje tan peligroso, y Jefferson lo preparó para la tarea al ponerlo en contacto con figuras políticas y militares clave en Washington y al hacerlo aprendiz de los principales científicos de la nación.

De hombros amplios, robusto y midiendo más de dos metros, Lewis era el epítome del optimismo que prevalecía en la presidencia de Jefferson. A las 15:30 hrs. del 21 de mayo de 1804, entre gritos de júbilo de parte de una multitud reunida en la ribera, Lewis, el capitán William Clark y un grupo de veinticuatro soldados salieron por el río Missouri, apartándose de la civilización durante los tres años y medio siguientes. Solo regresarían con un soldado menos.

Lewis pronto probó que Jefferson había escogido sabiamente. Lewis era un escritor talentoso y registró en diarios detallados el descubrimiento de 178 plantas nuevas y 122 nuevas especies de animales. Apto para navegar la misteriosa cultura de los indios, cruzó miles de kilómetros de territorio hostil, mientras que apenas y disparó una bala en defensa propia. Respetado por sus tropas, él y Clark comenzaron una amistad de por vida. Trabajaron juntos en mantener a su equipo motivado y disciplinado a través de inviernos bajo cero, el hambre y la enfermedad.

Trece mil kilómetros y veintiocho meses después de que comenzaron, Lewis y sus hombres finalmente regresaron a San Luis el 22 de septiembre de 1806. Había dirigido con éxito una de las expediciones más desafiantes de la historia, e instantáneamente se convirtió en celebridad nacional. Jefferson escribió de su joven protegido: «Era la persona más apropiada en el mundo para una expedición así». Lleno de relatos emocionantes de grizzlis y fieros indios, Lewis se convirtió en el consentido de Washington, navegando de una fiesta a la otra, bebiendo en un brindis tras otro a la salud del: «Valiente capitán», que había logrado lo que nadie había logrado antes que él.

Jefferson asignó a Lewis como gobernador del territorio de Louisiana poco después de su regreso. La historia muestra que fue un error trágico. Los talentos y habilidades únicas que hacían de Lewis un brillante explorador trabajaron en su contra en su nuevo papel como político y hombre de negocios. Frustrado con un nuevo llamado que era tan diferente de aquella de sus pasiones, y careciendo de una visión atractiva del futuro, Lewis se deprimió y comenzó a beber pesadamente.

El hombre que navegó la mitad de un continente con apenas un error parecía no tener idea de cómo abrirse paso a través de los obstáculos políticos que ahora enfrentaba por todos lados. Se endeudó cada vez más, no progresó mucho en publicar sus muy esperados diarios, y no se desempeñó bien en un conflicto perpetuo con un enojado subordinado. Lo peor de todo, era que Lewis no tenía razón de vivir. El propósito de su vida había terminado cuando logró su misión. Sin más motivación, fue incapaz de comenzar la tarea crítica de publicar sus valiosos diarios. El otoño de 1809 encontró al gobernador Lewis hundiéndose más y más en el desaliento.

Cuando el otoño dio paso al invierno, el gran soldado comenzó un viaje final para ver a su amado mentor Jefferson. Nunca llegó.

Avanzada la tarde del 9 de octubre, el gobernador Lewis llegó a la posada Grinder's Inn, a 113 kilómetros al oeste de Nashville, profundamente deprimido y probablemente borracho. Temprano en la mañana del 11 de octubre sacó una pistola y se disparó en la cabeza. Falló el tiro. Lewis se levantó y se disparó una vez más en el pecho, pero nuevamente falló en terminar con su vida. Cuando el sol salió, los hijos de la Sra. Grinder encontraron al capitán cortándose las venas con una navaja. Momentos después murió. Tenía treinta y cinco años de edad.

Hoy en día Meriwether Lewis está sepultado en la ribera del río Natchez Trace cerca del viejo sitio de la posada Grinder's Inn. Su tumba está marcada con una flecha rota, colocada allí por la legislatura de Tennessee en 1849 como símbolo del: «Violento e inoportuno fin de una brillante y gloriosa carrera».[2]

Meriwether Lewis había perdido su visión. La gran búsqueda para la cual había invertido mucho de su vida preparándose había terminado, y no tenía una nueva visión que tomara su lugar. Despojado del propósito que lo impulsaba y que hacia que su vida valiera la pena vivirse, uno de los héroes más grandes de Estados Unidos prefirió una muerte prematura sobre una vida sin visión.

EL ALTO COSTO DE UNA VIDA SIN VISIÓN

«En lo profundo de nuestro corazón, todos queremos encontrar y lograr un propósito mayor que nosotros mismos», observa Os Guiness. «Solo un propósito mayor puede inspirarnos a alturas que sabemos nunca hubiéramos alcanzados por nuestra cuenta. Para cada uno de nosotros el propósito real es personal y apasionado: saber para qué estamos aquí, y por qué».[3]

El fracaso de Meriwether Lewis para encontrar una visión atractiva para la segunda mitad de su vida lo condujo a una negra depresión, un dolor psico-lógico constante que el whisky más fuerte no podía entumecer. Muchos de nosotros respondemos al vacío de visión personal en maneras semejantes. Estoy convencido de que mucha de la depresión que no es causada químicamente tiene sus raíces en el fracaso en responder las preguntas más críticas de la vida: ¿Por qué estoy aquí y hacia dónde voy?

El dolor de una vida sin visión es tan grande que nos automedicamos como lo hizo Lewis. Bebemos demasiado, comemos demasiado, nos metemos a un sitio pornográfico en la internet después de que los niños se han ido a dormir, o nos entregamos a un ataque de compras y dejamos que Visa pague las cuentas.

Nadie está exento de una crisis de visión personal.

Los adolescentes lo sienten como el mundo de libertad, más allá del hogar y la escuela secundaria, que parpadea con un abanico sofocante de opciones.

Los estudiantes graduados lo enfrentan cuando la emoción de «el mundo me queda chico» queda congelada por el pensamiento de que abrir una opción significa cerrar otras.

Los que están en sus treintas lo conocen cuando su trabajo cotidiano cobra su propia realidad bruta más allá de las primeras consideraciones: los deseos de sus padres, las modas de sus compañeros y la fascinación del salario y las opciones de carrera.

La gente en edad madura lo enfrenta cuando una incompatibilidad entre sus talentos y su trabajo les recuerda todos los días que son tuercas cuadradas en un tornillo redondo. ¿Pueden verse a ellos mismos «haciendo eso por el resto de su vida»?

Las madres lo sienten cuando se preguntan qué propósito alto va a llenar el vacío en la siguiente etapa de su vida ahora que sus hijos ya crecieron y se fueron.

La gente enormemente exitosa en sus cuarentas y cincuentas de pronto se pone en contra de ese éxito cuando sus logros provocan cuestionamientos con respecto a la responsabilidad social de su éxito y, con mayor profundidad, al propósito de su vida.

La gente lo enfrenta en todas las distintas transiciones de la vida, desde en los cambios de empleo y las rupturas matrimoniales hasta las crisis de salud. Lo que la gente siente al negociar los cambios dura más, y es peor, que los cambios mismos ya que las transiciones desafían nuestro sentido personal de propósito. Las personas en sus últimos años lo enfrentan de nuevo. Finalmente, ¿de qué se trata la vida? ¿Fueron mis éxitos reales y valió la pena su costo? ¿Habiendo ganado todo el mundo, sin importar si en grande o no, hemos vendido barata nuestra alma y perdimos la razón de todo? Como Walker Percy escribió: «Puedes obtener las calificaciones máximas en todo y aun así reprobar la vida».[4]

MI BÚSQUEDA DE VISIÓN

El proceso de escritura de este libro me ha ayudado a reflexionar en mi propia crisis de visión. Durante la mayor parte de mi vida he buscado mi visión personal preguntándome: «¿Qué necesita mi iglesia que yo sea?». En mis veintes y al principio de mis treintas traté de descubrir mi visión personal preguntándome: «¿Cómo es un pastor exitoso?». Viajaba para escuchar sus seminarios, leía sus libros, escuchaba sus cintas e incluso en ocasiones trataba vestirme como ellos.

Sin embargo, la búsqueda de visión personal nunca va a ser plena al imitar la visión de colegas respetados o por tratar de satisfacer cada necesidad que se levante a tu alrededor. La visión personal solamente proviene de un lugar: comunión íntima con Dios.

En mi caso, sucedió que después de nuestra Asamblea Solemne inicié una temporada de reflexión silenciosa. Por primera vez en mi vida, sentí la libertad de hacer las preguntas: «¿Quién soy realmente? ¿Qué es lo que realmente me encanta hacer? ¿Cuál es mi pasión, el propósito único por el cual fui creado?». Simplemente hacer las preguntas de esta manera liberó una energía considerable en mi alma y me proveyó de tiempos ricos de interacción con mi Amigo que nunca me falla. Nuestras caminatas juntos se volvieron una parte bastante especial de mi vida espiritual. Estaba temeroso al principio de escu-char verdaderamente a mi corazón. Esto parecía egoísta, irresponsable. Después de todo, ¿no se suponía que yo debía servir a la iglesia a pesar de mis necesidades? Con el tiempo Jesús me ayudó a darme cuenta de que puedo hacerlo con mayor efectividad cuando sirvo desde las pasiones profundas de mi corazón.

La visión personal solamente proviene de un lugar: comunión íntima con Dios.

A poca distancia detrás de este temor venía el segundo: ¿Qué va a pasar si escucho a mi corazón y encuentro que estoy en el lugar equivocado? Irónicamente, la iglesia estaba pasando por un proceso de reestructuración durante ese tiempo. ¿Y si la iglesia decidía que sus necesidades de un pastor principal no coincidían con lo que mi corazón me estaba llamando a ser? Me encanta nuestra congregación, nuestra ciudad, nuestros amigos y a menudo he dicho que quiero dar mi vida a Knoxville. Sin embargo, parte de mi viaje hacia una visión personal renovada significaba enfrentar la posibilidad real de un cambio doloroso. Cuando llegue al punto en que pude escuchar libremente a mi corazón, me sorprendí al conocer al verdadero yo. Esto es lo que encontré.

Soy un hombre de iglesia. Amo a la iglesia local. Y amo a nuestra iglesia local.

Soy un artista. Pinto con palabras. Soy un escritor.

Soy introvertido. Necesito muchas horas de silencio y reflexión a lo largo del día.

Soy un visionario. Puedo ver en qué se puede convertir el futuro.

Soy un predicador. Nunca estoy más vivo que cuando predico.

Soy un maestro. Me encanta expandir la mente de los alumnos con una gran idea.

También descubrí quien no soy: No soy el presidente de una gran organización sin fines de lucro.

Entonces noté algo más. Cuando ministraba en las capacidades de mi corazón, mi vida impactaba a las personas a mi alrededor significativamente. Servir en esas áreas dejaba una estela de bendición detrás de mí. Cuando ministraba como Presidente (lo cual era cerca del sesenta por ciento del tiempo) lastimaba a las personas a mi alrededor, a mi paso dejaba relaciones adoloridas, desconfianza y confusión. Las caminatas con Jesús continuaron. Entre más me acercaba a él, mi visión personal se hacía más clara. Con el tiempo compartí con mis ancianos lo que estaba emergiendo. Estos hombres me aman mucho y están comprometidos con la iglesia y conmigo. Dicen la verdad y no se guardan nada. Hablamos con franqueza acerca de mi visión, las necesidades de la iglesia y donde yo encajaba. Varias semanas después, les escribí la carta siguiente:

Viernes Santo, 1999

Queridos Hermanos:

He pasado muchas horas pensando en la última junta de ancianos. Si los comprendí correctamente, los escuché decir que confirmaban mi llamado a predicar, orar, escribir y discipular ... También los escuché decir que cuando opero fuera de los terrenos de mis dones y mi llamado, no soy efectivo y cometo errores que lastiman a la gente. Ustedes con mucha gracia han dicho que esa no era mi intención, pero, aun así, era la realidad. Finalmente, creo que ustedes dijeron que querían crear un puesto para mí que me permitiera ser lo que Dios me ha llamado a ser y que me liberara de las cosas que no hago bien.

He meditado mucho en esto durante las dos últimas semanas, y me he sorprendido del grado de libertad y esperanza que he encontrado en considerar soltar las riendas del liderazgo de la organización y ejercer liderazgo más a través de mis otros dones. Esto me hace sentido, porque me he sentido completamente frustrado sirviendo como un «líder organizacional» mientras que encuentro plenitud en liderar como maestro o proponiendo la visión. He estado muy al tanto de que desde hace tiempo la iglesia es más grande que mis habilidades de liderazgo de organizaciones. No puedo describir lo frustrante que ha sido ver a personas continuamente heridas por mis intentos de liderazgo organizacional.

Durante un tiempo, me pregunté si era momento de que me hiciera a un lado y permitiera que otra persona con dones más fuertes en estos aspectos tomara mi lugar en el timón. Desde entonces, a través de una variedad de medios, incluyendo sus comentarios, he sentido que el Señor me está alentando con el pensamiento de que todavía hay un lugar importante para mí en Fellowship, pero para que yo encuentre este lugar debo estar completamente dispuesto a ceder las partes del ministerio a las cuales no tengo un llamado que cumplir. No me considero a mí mismo como un hombre sediento de poder, pero ahora veo lo reticente que he sido en soltarle el control a otros ...

Por favor permítanme entregar inmediatamente mi cargo como presidente del consejo de ancianos. He servido en este puesto durante doce años. Es tiempo de que me retire de esta posición ... este proceso me ha dado mucha esperanza.

Cálidamente en Cristo,

Doug

La esperanza y la libertad que he experimentado en el ministerio desde esa transición han sido notorias. Mi gozo está regresando. Ya no estoy lastimando a la gente continuamente. Las áreas en las que estoy trabajando están aumentando en productividad. ¡De hecho, me estoy divirtiendo!

Estos dos años de mi vida se han tratado acerca de dos temas: intimidad renovada y visión renovada. El colapso de mi adicción al éxito me lanzó a una crisis de fe: ¿Puede Jesús satisfacer mis anhelos más profundos? Él puede, y lo hace. Mientras estoy conociéndolo más íntimamente, él me está haciendo concebir una nueva visión para el futuro.

¿QUÉ ES LA VISIÓN PERSONAL?

Es la Búsqueda de nuestra vida, la razón por la que fuimos creados. Nuestra visión personal es nuestra historia única, nuestros parlamentos en una novela mayor que Dios está escribiendo para la humanidad. La visión personal comienza con apropiarnos de un puñado de lo que Dios está haciendo en el mundo y luego entra en los detalles de cómo vamos a unirnos personalmente a él en esta gran obra.

> La visión personal comienza con apropiarnos de un puñado de lo que Dios está haciendo en el mundo y luego entra en los detalles de cómo vamos a unirnos personalmente a él en esta gran obra.

«Ciertamente David, después de servir a su propia generación conforme al propósito de Dios, murió, fue sepultado con sus antepasados».[5] Cada uno de nosotros sirve a los propósitos de Dios en su propia generación antes de morir. ¿Sabes cuál es tu visión única?

Leighton Ford define visión personal como: «Inesperada, asombrosa, clara, específica y respaldada con poder». Una visión personal es inesperada porque Dios nos la da. Es asombrosa porque solo Dios puede traerla a cumplimiento. Es personal porque coincide con los anhelos de nuestro propio corazón. Es clara y específica, por lo menos en los pasos a tomar inmediatamente. Y si debe ser cumplida, debe ser respaldada con el poder del Espíritu Santo.[6]

¿QUÉ ES LA INTIMIDAD Y LA CONCEPCIÓN DE UNA VISIÓN?

¿De donde vienen esas visiones? Nacen de los momentos íntimos de comunión tierna con nuestro amado Cristo. La unión espiritual con Cristo da a luz una nueva visión justo como la unión matrimonial da a luz una nueva vida.

Jesús nos llama a conocerlo como un hombre conoce a su esposa.[7] Es importante que comprendamos los paralelismos entre la unión espiritual y la unión sexual. El marido entra en intimidad con su esposa, liberando su semen en ella y haciéndole concebir una nueva vida. De manera similar, Cristo se acerca a nosotros y nos hace concebir su visión.

MEDIO TIEMPO

Jack, un ingeniero nuclear y un miembro devoto de su iglesia local, estaba disfrutando de una extraña tarde de sábado solo en su casa en Carolina del Sur. Un amigo le había dado la autobiografía *From Ashes to Glory* [De las cenizas a la gloria], la atrayente historia del viaje doloroso espiritual del entrenador Bill McCartney que finalmente resultó en el nacimiento del movimiento masculino de Cumplidores de Promesas.[8] «La presencia de Dios de pronto me abrumó», recuerda Jack. «Clamé a Dios: "¡Lo que sea necesario, Señor! No quiero perder tu perfecta voluntad para mi vida. ¡Lo que sea necesario!"».

Jack y su familia habían estado dedicados a su iglesia local durante doce años. Su carrera como consultor iba firmemente en camino. Pero algo estaba a punto de cambiar, y él lo sabía.

«Estaba entrando al medio tiempo», dijo Jack riéndose. «Estaba por pasar una larga temporada en los vestidores revisando la cinta de la primera mitad de mi vida tratando de dilucidar hacia dónde debería ir la segunda».

Poco a poco, Jack lentamente redujo sus responsabilidades en la iglesia y comenzó a pasar más tiempo a solas con Dios. Cuando su negocio de consultoría se secó: «Durante un año y medio, salimos del paso, con un trabajo pequeño después de otro», dice Jack. Él sintió que este tiempo era de una importancia inusual en su vida. Luchando contra todo dentro de él, decidió no buscar agresivamente un nuevo empleo. «Mi prioridad número uno durante esa temporada era buscar a Dios. Dios me había mostrado en Efesios 2:10 que él tiene un plan único para cada uno de sus hijos. Seguí pidiéndole a Dios que me mostrara cuál era mi parte en hacer venir su reino».

Pasó un mes. Luego seis meses. Un año. «Algunas mañanas me despertaba lleno de temor», admite Jack. «Pero seguí buscando a Dios. No quería salir del vestidor hasta que él me dijera que saliera».

Pasaron varios meses más. Los fondos se estaban acabando. Sin embargo, Jack siguió buscando duro a Dios. Hacia el final del decimoséptimo mes «en el vestidor», Jack dejó de pedir que se le mostrara todo el plan de juego para el resto de su vida, y oró: «Solo muéstrame el siguiente paso». Unos días más tarde, sonó el teléfono. Le pidieron si podía ir a trabajar un año en la iglesia para ayudar a afinar el funcionamiento operacional. Jack dijo que sí. La segunda mitad había comenzado. Un año se volvieron dos, y ahora Jack es el director de operaciones de Fellowship Church. Su visión de la segunda mitad, aunque no ha sido redondeada a detalle, se está volviendo cada vez más clara y personal. «Mi visión personal es ayudar a crear organizaciones perdurables que conozcan a Dios y sean guiadas por el Espíritu», me dice, con entusiasmo creciendo en su voz cada vez que dice cada frase. Jack ha descubierto su propósito en esta tierra para esta generación. Dios dio a luz esta visión en él al invertir tiempo de intimidad con él.

EL PODER DEL ALTÍSIMO TE CUBRIRÁ CON SU SOMBRA

Visité el Museo Vaticano en Roma de camino a casa después de un viaje misionero hace algunos años. Después de dar algunas liras por unos audífonos y un «tour» guiado por cinta, salí a explorar un poco del arte más espectacular del mundo. Unas horas después dentro del «tour» llegué a una habitación llena de pinturas dedicadas a la veneración de la virgen María. Las acotaciones escritas en muchos idiomas explicaban la creencia de la Iglesia Católica Romana de que María era distinta del resto de nosotros, y digna de nuestra adoración y alabanza.

Ya no seguí con el resto del «tour» ese día, me entristecí por el sutil mensaje hablado en las hermosas pinturas de la habitación especial de María. La majestad poética de la historia de Navidad no es la singularidad de María, sino su normalidad. La joven María era lo que podíamos llamar un miembro de la clase pobre trabajadora, que se ganaba la vida en una pequeña aldea fronteriza en la orilla más lejana del Imperio Romano. Estaba desposada para casarse con un jornalero de salario mínimo quien pidió su mano en matrimonio con aserrín en su manto y astillas en los dedos. Y aun así Dios dio a luz la visión a través de ella.

—Debes estar bromeando –tartamudea María a la aparición celestial que la había despertado, y entonces se siente compelida a decir lo obvio–, soy virgen.

El ángel respondió:

—El Espíritu Santo vendrá sobre ti, y el poder del Altísimo te cubrirá con su sombra. Así que al santo niño que va a nacer lo llamarán Hijo de Dios.[9]

El vientre de María estaba vacío. No tenía semilla. Dios colocó la semilla dentro de ella cuando el Espíritu la cubrió con su sombra. De una comunión íntima que la Escritura no nos describe, el Hijo Prometido fue concebido. Los lectores judíos inmediatamente hubieran entendido que «ser cubierto con su sombra» era una forma hebrea de describir cuando uno es sobrecogido por la presencia del Dios vivo. Cuando la visión es dada a luz en la Escritura, es casi siempre concebida en la presencia de Dios. La visión de Moisés nació delante de la zarza ardiendo. La Búsqueda de Abraham es concebida en una ceremonia de adoración. El llamado de Jesús al ministerio público es coronado por la paloma descendiendo en su bautismo, simbolizando la presencia de Dios el Padre.

El estilo de Dios es así. El Espíritu Santo hizo concebir a María al cubrirla con la sombra de su presencia. Así es con nosotros. El Espíritu nos embaraza de visión cuando somos traídos a la presencia de Dios. Una de las palabras griegas que la Biblia usa para describir nuestro mundo interno significa «vientre». En cierto sentido, todos somos vírgenes con el vientre vacío, esperando que Dios nos haga concebir su visión.

PROFUNDA ALEGRÍA

Algunas veces Dios reaviva la visión en nosotros al acercarnos a él, ya que nos recuerda pasiones olvidadas hace tiempo. Frederick Buechner sabiamente sugiere que nuestra visión personal es: «El punto en el que tu profunda alegría y el hambre más profunda del mundo coinciden».[10] Sin embargo, nuestra alegría profunda a menudo está enterrada, bajo capas de los debes y tienes de la vida.

La profunda alegría de mi esposa es adorar a través de la danza. Una tarde en una clase de danza en la universidad, Sandi sintió que Cristo estaba en la habitación observándola. Ese momento íntimo con su Salvador puso la semilla de una visión en el corazón de Sandi. «Me di cuenta ese día, que este era el propósito de la danza: adorarle».

Tristemente, Sandi pronto descubrió que los cristianos en su mundo no celebraron esta nueva visión con ella. La desalentaron de seguir tomando clases de danza y le aclararon que el mundo de la danza no era un buen lugar para una mujer piadosa. Se casó conmigo y se sobresaltó al encontrar que tenía que firmar un pacto de «no danza» como parte de los requisitos para entrar al seminario. La visión silenciosamente comenzó a morir.

Doce años pasaron. Nuestra iglesia comenzó a redescubrir las artes creativas y comenzó un ministerio de danza. Tentativamente, Sandi comenzó a danzar de nuevo. Al principio era por diversión: una manera increíble de pasar la tarde con sus amigas y expresarse de la manera que le encantaba. Pero entonces el ministerio de danza maduró para convertirse en una comunidad de adoración que comenzó a experimentar los dones y el poder del Espíritu. El grupo pasó muchas noches en adoración y en oración los unos por los otros sin siquiera entrar al salón de danza.

Yo comencé a notar un cambio en Sandi. Un pasatiempo se estaba convirtiendo en una pasión pulsante en su vida. Su largo tiempo olvidada visión de adorar a Dios con danza revivió.

Algunas veces Dios reaviva la visión en nosotros al acercarnos a él, ya que nos recuerda pasiones olvidadas hace tiempo.

«Recientemente he tenido más tiempo para estar con Dios que en muchos años», dice Sandi. «Entre más tiempo paso con él, más se expande la visión». Estos momentos íntimos también han sacado a la superficie los sentimientos de luto y pérdida. «Perdí esos años y nunca los voy a recuperar», dice ella con suavidad mientras considera el periodo en la vida en que no tenía lugar que ella persiguiera su profunda alegría. «Los años de mi vida cuando tenía la técnica física y la habilidad para danzar ya se fueron».

Sin embargo, su visión no se ha ido. «Dios está desplegando su visión para mí mientras pasamos más y más tiempo juntos. Realmente quiero ver a Dios usar la danza para su gloria. Quiero ayudar a una generación más joven de bailarines a reclamar este arte y a aprender a adorar a Dios a través de él».

Comenzamos nuestro libro con la lucha de Brian contra la pornografía en la internet. Recientemente, vi a Brian y noté un brillo en sus ojos que nunca había visto antes. Lo llamé para descubrir hasta donde lo había llevado su propia búsqueda. Brian es un hombre valiente con un enorme amor a Dios. Su compromiso a la integridad y sanidad estaba comenzando a dar fruto.

Brian explicó que compartió su lucha con su pastor y unos pocos amigos cercanos. Comenzó a reunirse semanalmente con un consejero cristiano y un grupo de apoyo para los adictos al sexo. Lentamente, las cadenas de su adicción fueron rotas. Un corazón herido que había sido impasible a la emoción durante treinta años está comenzando a cambiar; Brian está comenzando a establecer lazos con su esposa, su padre y su Dios.

Nuestra conversación terminó con un comentario de Brian acerca de que estaba comenzando a pensar otra vez acerca del llamado de Dios para su vida. Estaba comenzando a ver que su propia lucha podía un día ayudar a otros a recibir sanidad. Brian ha pagado el precio de buscar intimidad con Cristo sobre los dioses menores de sus apetitos. Y Cristo lo está recompensando con una nueva visión de vida. La historia de Brian la escogí para terminar nuestro viaje juntos porque captura mi esperanza para cualquiera que lea este libro. Todos somos adictos. Cada uno de nosotros nace con un corazón vencido y una obstinada determinación a beber de cualquier copa que no sea el Santo Grial de la intimidad con Cristo. Como Brian, cada uno de nosotros debe huir de los lugares altos de nuestras adicciones y clavar nuestros deseos más profundos en Jesús. Pero la historia no termina, y no debe terminar, con nuestra realización personal. El rey Pescador languidecía en su reino estéril, cuidando de una herida que nunca sanaba, esperando el día en que alguien bebiera del Grial y lo liberara. Cuando comenzamos a beber del Grial de la comunión íntima con Cristo, él nos hace concebir la visión para los reyes y reinas heridos que habitan reinos estériles a todo nuestro alrededor.

Ya son dos años de que comencé a escribir este libro. He aprendido mucho acerca de la Búsqueda. Sin embargo, cuando vuelvo a leer los primeros capítulos en busca de una manera apropiada de despedirme, me entristecen las partes de mi corazón que siguen sin ser tocadas por todo lo que hemos pensado juntos. Déjame darte un ejemplo.

Esta mañana salí de la cabaña donde escribo y salí a dar un paseo alrededor de un lago en la montaña. Escribir un libro es como escalar una montaña. El trabajo siempre es más arduo en la cima. Terminar un libro es mucho más difícil que comenzar uno. Sin embargo, esta vez encontré un residuo de resentimiento asentándose sobre mí, una falta de gozo en la tarea de escribir que nunca había sentido antes. Mirando a través de las aguas claras y grises del lago, vi un árbol sumergido haciendo ondas en la superficie sobre él que de otra forma estaría quieta. «Padre», oré, «muéstrame que es lo que está debajo de la superficie de mi corazón. ¿Por qué es que hay tan poco gozo mientras me acerco al final de este viaje de dos años?».

Gradualmente, Dios me dejó ver lo que estaba sumergido debajo del lago de mi mente consciente. Encontré que el anhelo por el aplauso se había vuelto a entremeter. La necesidad de tener éxito, de ser alguien, de hacerme de un nombre se había enredado con los deseos que me impulsaban a escribir este libro. Ahora que estaba listo para presentarse al mundo, ¿le importaría a alguien? ¿Les gustaría a los padres? ¿Me convertiría en un reconocido experto en intimidad espiritual y de pronto se me pediría hablar en congresos, o quizá sería el orador principal en un crucero cristiano a lo largo de la Tierra Santa?

Ahora pude ver el árbol sumergido. Era el podrido tocón de la creencia de que escribir un libro satisfaría mi necesidad profunda de ser alguien especial. La baja probabilidad de que esto sucediera amenazaba mi sentido de identidad. Y por lo tanto estaba teniendo dificultades para terminar el libro.

He tomado el riesgo de compartir mis propias luchas contigo, mi amigo, porque sospecho que cuando tomes tu propio paseo alrededor del lago de tu corazón tu también vas a encontrar uno o dos árboles sumergidos.

No te rindas. Yo no me voy a rendir si tú tampoco. Oremos el uno por el otro que las palabras del apóstol Pablo se vuelvan las nuestras.

> Sin embargo, todo aquello que para mí era ganancia, ahora lo considero pérdida por causa de Cristo. Es más, todo lo considero pérdida por razón del incomparable valor de conocer a Cristo Jesús, mi Señor. Por él lo he perdido todo, y lo tengo por estiércol, a fin de ganar a Cristo y encontrarme unido a él ...
>
> Lo he perdido todo a fin de conocer a Cristo, experimentar el poder que se manifestó en su resurrección, participar en sus sufrimientos y llegar a ser semejante a él en su muerte.[11]

EPÍLOGO

«¡Lo atrapé!», exclamó el policía, sonando como alguien que acababa de pescar un robalo de tres kilos. Yo estaba pasando la tarde en su carro de policía, en un «paseo» pastoral y estaba a punto de experimentar mi primer arresto. Con las luces azules parpadeando, hizo girar su vehículo ciento ochenta grados para emprender una candente persecución del criminal.

—¿Qué fue lo que esta persona hizo? –le pregunté, derramando el café y esperando que no nos hubiéramos topado con un ladrón armado.

—¿Ve a esa muchacha? –me preguntó, señalando a una mujer en un vestidito veraniego que desapareció en las sombras detrás de una licorería–. Es una prostituta. Se acaba de bajar del carro de ese tipo. Esta calle es un punto caliente para la prostitución. Incluso puede encontrar un mapa de él en la internet.

El coche que íbamos persiguiendo, un monovolumen deportivo, se orilló. El policía descendió del coche y me invitó a unirme a él. ¿Qué tipo de hombre está buscando prostitutas a las 11:30 el domingo por la noche?, me pregunté. Como pronto descubrí, un hombre muy normal. El «criminal» nerviosamente sacó su licencia mientras la linterna de alto poder del policía revisaba su coche. Un asiento para bebé estaba fijo en el asiento trasero rodeado de algunos juguetes. Un poco de ropa recién sacada de la tintorería colgaba de un gancho, de la misma manera en que a veces cuelga en mi coche. Miedo y vergüenza cubrían la cara del hombre.

«¿Verdad que no me va a remitir al juez? ¡Por favor no lo haga!», rogó. El policía decidió tener misericordia y le advirtió al hombre: «Vuelva a su casa y a su esposa».

¿Qué era lo que este hombre buscaba a las 11:30 de la noche en domingo? ¿Por qué estamos tan impulsados por nuestras pasiones sexuales? El deseo sexual es una de las fuerzas más poderosas del universo. Un presidente echa por la borda su legado por un momento de gratificación sexual con una becaria. Un pastor borra toda una vida de ministerio por un instante de hacerse uno con una mujer que está aconsejando. Una solitaria estudiante le dice que sí a las demandas sexuales de su novio cuando todo en su interior le grita que no. El padre de tres niños, se escabulle, después de haberlos acostado en cama, para tener una aventura de treinta dólares con una prostituta.

¿Alguna vez se ha preguntado por qué? ¿Por qué los hombres y las mujeres son tan atraídos a unirse sexualmente? ¿Cuál es la fuente de este poder que derriba imperios, hace naufragar ministerios y sacude a las familias? ¿Qué es lo que estamos buscando en el sexo a fin de cuentas?

LA BELLEZA DE LO FEMENINO

A menudo me he sorprendido por mi propia atracción a la belleza femenina. Estoy profundamente enamorado de mi esposa, observo una buena disciplina en mis pensamientos, y no me expongo a pornografía. Sin embargo, encuentro dentro de mí una atracción siempre presente por la belleza de lo femenino. Por la gracia de Dios y su poder, he rendido esos deseos al control del Espíritu Santo y he encontrado con gozo mis deseos cumplidos en mi relación con Sandi.

¿Pero por qué estos sentimientos y deseos no se van y ya? ¿Por qué siquiera tengo que batallar con ellos? ¿Hay algo mal en mí?

Una vez en una sesión de consejería, compartí estas preguntas con mi consejero.

—¿Alguna vez ha pensado que posiblemente estuviera buscando a Dios? –me preguntó.

—Dios es masculino –respondí–. Soy atraído por lo femenino

Simplemente no hacía sentido.

Desde entonces, he descubierto de una forma nueva, que la belleza femenina, como el resto de la belleza, fluye del carácter de Dios. Dios se muestra con características masculinas en la Biblia, se nos dice que hemos de llamarle Padre. Pero no es meramente masculino. «Dios creó al ser humano a su imagen», leemos en las primeras páginas del relato de la creación. «Lo creó a imagen de Dios. Hombre y mujer los creó».[1]

Los hombres y mujeres juntos reflejan la imagen de Dios, así que en el carácter de Dios, deben estar presentes ambos la masculinidad y la feminidad. «Nuestro Creador», comenta Leanne Payne, «teniendo en él mismo todo lo que es verdadero y real, refleja tanto lo masculino como lo femenino».[2] El Dios de la Escritura demuestra muchas características supuestamente masculinas. De hecho, Jesús nos enseña a orar: «Padre nuestro que estás en el cielo».[3] Dios ejemplifica muchas de las características a las cuales asociamos la masculinidad: Él es un guerrero y uno que soluciona problemas, es racional, y se guía por principios, y se expresa a través de verdad clara y objetiva.

Este mismo Dios, sin embargo, es más que solamente masculino. Como el fundamento de todo lo que es, contiene también dentro de sí todo lo que es femenino. No nos sorprende ver los supuestamente rasgos femeninos en él. Es alguien que alimenta, un consolador, un sanador. Le promete a Israel: «Como madre que consuela a su hijo, así yo los consolaré a ustedes».[4] Puede ser intuitivo y subjetivo, y está tan preocupado por la relación como lo está por la verdad. Dios, quién está más allá de la sexualidad, contiene todo lo que es masculino y femenino dentro de sí.

Esto significa que la belleza femenina refleja una dimensión única de la belleza de Dios El anhelo de tener intimidad con, de ser consumido por, lo femenino es en su médula un anhelo de experimentar los aspectos de Dios que se reflejan en feminidad pura.

ESCUCHE LOS SUSURROS DEL DESEO SEXUAL

Esta feminidad divina comenzó a hacerme sentido cuando comencé a ver lo que estaba sucediendo en mi vida cuando los deseos sexuales eran más fuertes. Usualmente estos eran momentos en los que me encontraba bajo estrés o bastante fatigado y con la necesidad de cuidado y consuelo. Estoy aprendiendo a escuchar los anhelos sexuales de mi corazón, porque me están diciendo que mi alma está buscando algo mucho más profundo: un encuentro íntimo con Dios.

Jesús relacionó la unión espiritual con la unión sexual cuando escogió la palabra griega para relación sexual cuando hablo de conocer a Dios.[5] ¿Sería que el propósito de Dios era que nuestros deseos sexuales nos recordaran nuestro anhelo por él? Frederick Buechner escribió que: «Debajo del deseo de poseer y ser poseído por otro sexualmente (de conocer, en el léxico bíblico) yace el anhelo de conocer y ser conocido ... de estar finalmente donde uno pertenece».[6]

Ya no me avergüenzo de mi sexualidad. Acepto esos deseos como invitaciones a conocer a Dios más íntimamente. Despojado de su misterio, el impulso sexual se vuelve un don, un susurro desde dentro, invitándome a desacelerar y echar un vistazo a mi corazón.

El deseo sexual finalmente es una sed por trascender, una búsqueda de unión y comunión con Dios. La sexualidad y la espiritualidad están relacionadas cercanamente; una refleja a la otra. Nuestra obsesión con la unión sexual enmascara una obsesión espiritual más profunda de conectarnos con Dios. «Así como experimentamos un gozo profundo al perdernos y entretejernos en la unión con nuestro cónyuge», escribe Dan Allender, «experimentamos el gozo máximo cuando nos unimos a Cristo en una unión que lleva a un gozo incomprensible. La relación sexual matrimonial refleja nuestra relación con Dios».[7]

EXPLORACIÓN DEL ACERTIJO DE LA SEXUALIDAD Y LA ESPIRITUALIDAD

El Cantar de los Cantares explora el acertijo de la sexualidad y la espiritualidad a través de un poema romántico hebreo. Mientras las interpretaciones del poema difieren, muchos están de acuerdo en que el Cantar en cierto nivel compara la intimidad sexual con la intimidad espiritual. El místico Bernardo de Claravalle tenía como fuente al Cantar para enseñar sobre intimidad espiritual en el siglo doce. El erudito en Antiguo Testamento Temper Longman saca las mismas lecciones de él en el siglo veinte.[8] Consideremos lo que el poema pueda enseñarnos acerca de la espiritualidad íntima. Espero, que algo de la tensión que sentimos entre sexualidad y espiritualidad se resuelva al hacerlo.[9]

CONVERSACIÓN

La primera etapa en la oración íntima es la conversación. Los amantes sabios saben que la intimidad genuina comienza con una conversación tierna sin prisa. Se necesita la búsqueda. La conexión es necesaria. Los amantes «se conocen el uno al otro de nuevo» después de un día ocupado. Se comparten las preocupaciones. Se alivian las heridas. Se hablan palabras de afirmación y esperanza. Encontramos a los amantes del Cantar de los Cantares comienza con una conversación.

> —¡Cuán bella eres! –dice el novio.
> —¡Cuán hermoso eres, amado mío! –responde la novia.[10]

La oración íntima también debe comenzar con una conversación tierna. Podemos apresurarnos a entrar en la presencia de Dios con éxito, tanto como podemos apresurarnos a la cama. Debemos tomarnos tiempo para «conocer a Dios de nuevo» cuando ha pasado un día ocupado desde la última vez que nos vimos. La primera etapa es un tiempo de revivir nuestro diálogo constante con nuestro Señor. Leemos la Palabra como un medio primario de iniciar este diálogo. Llevar un diario y adorar también facilitan el viaje a la intimidad en esta etapa. La expectativa crece mientras anhelamos mayor cercanía.

UNIÓN

Los amantes que se han tomado el tiempo de reconectar su alma y llevar las cargas del corazón del otro fácilmente avanzan a la unión sexual. La comunicación se vuelve no verbal, menos racional. Las emociones se levantan.

La esposa en el Cantar de los Cantares, llena de deseo después de la conversación que ha compartido con su amante, lo invita a hacerse uno con ella.

La amada:

¡Viento del norte, despierta!
¡Viento del sur, ven acá!
Soplen en mi jardín;
¡esparzan su fragancia!
Que venga mi amado a su jardín
y pruebe sus frutos exquisitos.

El amado celebra su unión:

He entrado ya en mi jardín,
hermana y novia mía,
y en él recojo mirra y bálsamo;
allí me sacio del panal y de su miel.
Allí me embriago de vino y leche;
¡todo esto me pertenece!

El coro celebra con ellos:

¡Coman y beban, amigos,
y embriáguense de amor![11]

La línea entre la sexualidad y espiritualidad es una muy delgada. El amante y la amada se vuelven uno, su anhelo sexual iluminando el deseo por la unión espiritual. «De todas las sensaciones que experimentamos con nuestros sentidos físicos», escribe Mike Mason, al reflexionar en la naturaleza sacramental de la relación sexual, «seguramente esto es lo que más se asemeja a la Cena del Señor al ser un toque real de la fuente de nuestro ser, de nuestro Creador».[12]

¿Qué sucede en la fase de unión íntima en la oración? Encontramos gozo, plenitud, liberación, cercanía y calidez que trasciende la razón. También seguridad, pertenencia, y a veces, arrobamiento.

DESCANSO

El momento inmediato a la unión sexual es precioso para la mayoría de las parejas. Todo está en silencio. No hay palabras, solo la deliciosa presencia del otro, el sentir misterioso de dos corazones latiendo como uno. No es un tiempo para planear o pedir o hablar, solo descansar.

Después de que el Amante y la Amada en el Cantar de los Cantares celebran su unión, descansan.

—Yo dormía, pero mi corazón velaba, dice la Amada.[13]

Este es el tiempo que más disfruto que ningún otro en la oración íntima. Pasó un día de la semana ayunando, orando y leyendo la Escritura. El difícil trabajo de la intercesión ha quedado atrás. He recibido la palabra que Cristo tenía para mí. Si el clima lo permite, termino el día caminando hacia un muelle cercano y recostándome en la orilla que da al agua. Mientras la brisa del río corre sobre mí, estoy tangiblemente conciente de la presencia de Dios. Yo no pido nada. Dios no dice nada. Simplemente somos uno en espíritu.

CONCEPCIÓN

El fruto más visible de la unión sexual es un niño. Cuando un esposo y una esposa se hacen uno, la esposa concibe de la semilla del hombre, y se gesta una nueva vida. En la misma forma, la visión es dada a luz en nuestros tiempos de unión íntima con Cristo. La Amada del Cantar de los Cantares renace con un deseo fresco de correr con su Amado y servir en sus viñedos:

> Yo soy de mi amado,
> y él me busca con pasión.
> Ven, amado mío;
> vayamos a los campos,
> pasemos la noche entre los azahares.
> Vayamos temprano a los viñedos,
> para ver si han retoñado las vides,
> si sus pimpollos se han abierto,
> y si ya florecen los granados.
> ¡Allí te brindaré mis caricias!

De manera semejante, cuando nos acercamos a Cristo, somo encendidos con una visión fresca y una pasión más profunda de servirlo. Nosotros, también, nos vamos a levantar temprano para buscar frutos en la vida de nuestros ministerios. La intimidad con Cristo da a luz una visión para Cristo. Dios nos embaraza con la visión cuando tenemos intimidad con él.

EL DON DEL DESEO SEXUAL

Tristemente, nuestra sexualidad a menudo nos aleja de Dios en lugar de acercarnos a él. Avergonzados de nuestros deseos y anhelos, vemos nuestra sexualidad como un demonio que necesita ser exorcisado. El deseo sexual no es un demonio. Es una parte maravillosa de quiénes somos como personas creadas a la imagen de Cristo. Escucha los susurros de tus propios deseos sexuales. No vas a encontrar un demonio. Quizá encuentres a Dios.

NOTAS

Prólogo
1. J.R.R. Tolkien, *El Hobbit,* Minotauro, Buenos Aires, 2002, p. 26.
2. *Ibid*, p. 39.
3. *Ibid*, p. 309.

Capítulo 1: Cuando fallamos al relacionarnos con Dios
1. Se modificaron los nombres y los detalles de algunas historias para proteger a sus protagonistas.
2. Juan 17:21.
3. Génesis 1:26 (énfasis añadido).
4. Génesis 2:18.
5. Henry Cloud, *Cambios que sanan*, Vida Publishers, 2003 (p. 49 del original en inglés).
6. *Ibid*, p. 55.
7. Juan 15:1-6.
8. Jeremías 2:13.
9. Gerald May, *Addiction and Grace* [Adicción y gracia], Harper & Row, Nueva York, 1988, p. 11.
10. *Ibid*, p. 3.
11. Algunos desequilibrios químicos en el cuerpo pueden causar una depresión severa, y siempre es recomendable consultar con un doctor cuando estamos deprimidos.
12. Gálatas 5:16-22.
13. Isaías 1:13-14.
14. Mateo 23:4.

15. Apocalipsis 3:16.
16. Leonard Sweet, *Soul Tsunami: Sink or Swim in New Millennium Culture* [Maremoto del alma: ahogarse o nadar en la cultura del nuevo milenio], Zondervan, Grand Rapids, 1999, p. 19.
17. Juan 15:6.
18. Si deseas saber más sobre esta batalla específica, conocida como transferencia, te recomiendo el libro de Valeria McIntyre, *Sheep in Wolves Clothing: How Unseen Need Destroys Friendship and Community and What to Do About It* [Ovejas con piel de lobo: Cómo las necesidades invisibles destruyen las amistades y la comunidad y qué hacer al respecto], Baker, Grand Rapids, 1999.
19. Juan 17:4.
20. Mateo 22:37-39.

Capítulo 2: Mi odisea contra la adicción
1. C.S: Lewis, «The Inner Ring» [El círculo exclusivo], Oración con memorativa leída en King's College, Londres, 1944.
2. Gerald May, *Addiction and Grace* [La adicción y la gracia], Harper & Row, Nueva York, 1988, p. 1.
3. Dios siempre es el iniciador en nuestra vida espiritual y nosotros le respondemos. Él desempeña el papel masculino y los cristianos (tanto hombres como mujeres), el femenino.
4. Lewis, «The Inner Ring».
5. Salmo 16:6.
6. Romanos 5:5; 6:5; 8:14, 26.
7. May, *Addiction and Grace*, 13.
8. Ezequiel 14:6.
9. Ezequiel 16:26.
10. 2 Reyes 18:1-5.
11. Esta práctica se describe en Joel 1:14.
12. 2 Corintios 7:9.
13. May, *Addiction and Grace*, 11.

Capítulo 3: Como Cristo amó a la Iglesia
1. Isaías 54:4-8; Jeremías 2:2-3; Oseas 1-1; ver también Isaías 5:1-7.
2. Efesios 5:22-33.
3. Citado en Leanne Payne, *Crisis in Masculinity* [La crisis de la masculinidad], Baker, Grand Rapids, 1995, p. 87.
4. *Ibid.*, 69
5. Juan 15:15.
6. Leslie Weatherhead, *The Transforming Friendship* [La amistad que transforma], Abingdon, Nashville, 1977, p.18.

7. Dan B. Allender y Tremper Longman III, *Intimate Allies* [Aliados íntimos], Tyndale House, Wheaton, IL, 1997, p.213.

8. Mike Mason, *The Mystery of Marriage* [El misterio del matrimonio], Multnomah Press, Portland, OR, 1985, p.71.

9. 1 Corintios 6:17.

10. John R.W. Stott, *Life in Christ*, [La vida en Cristo], Tyndale House, Wheaton, IL, 1991, p. 38.

11. Charles Kraft, *Christianity with Power* [Cristianismo con poder], Servant, Ann Arbor, MI, 1989, p. 26.

12. Mateo 12:28.

13. Lucas 10:9.

14. Gálatas 2:20.

15. 2 Timoteo 4:7.

16. Ver Eugene Paterson, *A Long Obedience in the Same Direction* [Una obediencia duradera en la misma dirección], InterVarsity Press, Downers Grove, IL, 1980.

Capítulo 4: Escucha la voz de un Padre que danza

1. Mateo 4:4.

2. Juan 10:27.

3. Apocalipsis 19:13.

4. Robert Bly, *Iron John,* Planeta, 1994 (p. 251 del original en inglés).

5. Mateo 3:17.

6. Josué 3:9.

7. Lucas 24:27.

8. Madame Guyon, *Experiencing the Dephts of Christ* [Experimente las profundidades de Cristo], Library of Christian Classics, vol. 2, Christian Books, Auburn, ME, 1975, p. 8.

9. Génesis 24:63.

10. Salmos 63:6.

11. Lucas 2:19.

12. Thomas Merton, *Leer la Biblia,* Oniro, agosto 1999.

Capítulo 5: Susurros proféticos

1. 1 Timoteo 1:18.

2. 1 Corintios 14:3.

3. Doug Banister, *The Word and Power Church* [La iglesia de Palabra y poder], Zondervan, Grand Rapids, 1999, p. 21.

4. 1 Cotintios 14:24-45.

5. Gordon Fee, «The First Epistle to the Corinthians» [La primera epístola a los Corintios], *New International Comentary on the New Testament,* Eerdmans, Grand Rapids, 1987, p. 686.

6. A.W. Tozer, *La búsqueda de Dios*, Christian Publications, Camp Hill, PA, 2000.

7. Juan 16:13,15.

8. Juan 5:17-20. Jesús trabajó donde el Padre ya había iniciado una obra. Esta es la manera en que trato de discernir las oportuniades de ministrar.

9. Números 11:9.

10. Joel 2:28-29.

11. Mike Bicle, *Creciendo en el ministerio profético*, Casa Creación, Lake Mary, Fl, 1998.

12. Hechos 13:1.

13. Hechos 13:2.

14. Hechos 9:3-6.

15. Hechos 8:29.

16. Hechos 9:10.

17. Hechos10:9-13.

18. Hechos 11:28.

19. Hechos 13:2.

20. Hechos 16:6.

21. Hechos 16:9-10.

22. Hechos 18:9-10.

23. Hechos 19:6.

24. Hechos 20:22-23.

25. Hechos 21:9.

26. Hechos 21:10-11.

27. Hechos 23:11.

28. Hechos 1:1.

29. Hechos 2:43.

30. 1 Tesalonicenses 5:20.

31. George Mallone, *Those Controversial Gifts* [Esos dones controversiales], Grace Vineyard of Arlington, Arlinton, TX, 1988, p. 42.

32. Apocalipsis 19:10.

33. Mateo 7:15-20.

34. 1 Corintios 13:2.

35. Ken Gire, *Windows of the Soul* [Ventanas del alma], Zondervan, Grand Rapids, 1996, p. 151.

36. Salmos 16:7.

Capítulo 6: La oración y el cuidado del Padre

1. George Buttrick, citado en Richard Foster, ed, *Devotional Classics* [Devocionales clásicos], HarperCollins, San Francisco, 1989, p. 100.

2. Susan Howatch, *Glittering images* [Imágenes que brillan], Fawcett

Crest, Nueva York, 1987, pp. 228, 243.
3. Mateo 6:9.
4. Lucas 11:11-13.
5. John Piper, *Let the Nations Be Glad* [Que se regocijen las naciones], Baker, Grand Rapids, 1993, p. 41.
6. Dallas Willard, *The Divine Conspiracy* [La conspiración divina], HarperCollins, San Francisco, 1998, p. 243.
7. Citado en Elisabeth Elliot, *Through Gates of Splendor* [A través de puertas de esplendor], Harper, Nueva York, 1957, p. 235-236
9. Efesios 6:19.
10. Howatch, *Glittering Images,* p. 200.

Capítulo 7: Confidencias íntimas
1. Romanos 5:5.
2. Romanos 8:14-16.
3. Rudolf Otto, *The Idea of the Holy* [La idea delo santo], Oxford Press, 2a ed., Londres, 1950, p. 12,30.
4. 1 Corintios 14:15.
5. Los lectores que deseen un estudio exegético más detallado de 1 Corintios 14 como el fundamento para el lenguaje privado de oración quizá quieran leer el Apéndice 2 de mi libro anterior *The Word and Power Church.*
6. 1 Corintios 14:2.
7. 1 Corintios 12:10.
8. 1 Corintios 14:2.
9. 1 Corintios 14:4.
10. 1 Corintios 14:5.
11. 1 Corintios 14:18.
12. 1 Corintios 14:39.
13. Marcos 16:17.
14. Gordon Fee, *God's Empowering Presence* [La presencia llenadora de poder de Dios], Hendrickson, Peabody, MA, 1994, p. 585.
15. Romanos 8:26.
16. George Mallone, *Those Controversial Gifts* [Esos dones controversiales], Grace Vineyard of Arlington, Arlinton, TX, 1988, p. 94.
17. Efesios 6: 12.
18. Efesios 6:18.
19. Fee, *God's Empowering Presence,* p. 731.
20. 1 Corintios 12:10.
21. 1 Corintios 14:13.
22. 1 Corintios 14:5.

23. Lucille Nicolisi, Elizabeth Harryman, and Janet Kresheck, *Terminology of Communication Disorders* [Terminología de los trastornos de lenguaje], Williams and Wilkins, Baltimore, 1978, p. 98.
24. Jackie Pullinger, *Chasing the Dragon* [Persiguiendo al dragón], Servant, Ann Arbor, MI, 1980, p. 128.
25. 1 Corintios 14:15.
26. Colosenses 3:16.
27. Derek Prince, *Bendición o maldición; usted escoja*, Spanish House, Miami, enero 1998 (p. 32 del original en inglés).
28. 1 Corintios 14:23.
29. J.R.R. Tolkien, *El señor de los anillos*, Minotauro, Buenos Aires, julio 1995 (p. 281 del original en inglés).
30. 1 Corintios 12:30.
31. 1 Corintios 14:5.
32. 1 Corintios 12:11.
33. 1 Corintios 14:1.

Capítulo 8: La participación de sus sufrimientos

1. Habacuc 1:3.
2. Jeremías 12:1.
3. Salmos 74:10-11.
4. Salmos 44:24.
5. Philip Yancey, *Disappointment with God* [Decepción de Dios], Zondervan, Grand Rapids, 1988, p. 23.
6. Parker Palmer, *The Courage to Teach* [La valentía para enseñar], Jossey-Bass, San Francisco, CA, 1998, p. 63.
7. *Ibid.*
8. C. S. Lewis, *A Grief Observed* [Un pesar observado] Bantam Books, Toronto, 1988, p. 4.
9. Habacuc 3:17-18.
10. Job 42:5.
11. Génesis 50:20.
12. Hechos 2:23.
13. Romanos 8:28.
14. Lea más acerca de esto en el siguiente capítulo.
15. John Wimber, «Signs, Wonders and Cancer» [Señales, prodigios y cáncer], Christianity Today, 7 de octubre de 1996, pp. 49-51.

Capítulo 9: Rescatados

1. Georg Fohrer, «Save» [Salvar], Theological Dictionary of the New Testament, ed. Gerald Friedrich, vol. 7, Eerdmans, Grand Rapids, 1971, p. 973.

2. Oscar Cullman, *Christ and Time* [Cristo y tiempo], Westminster, Philadelphia, 1964, 37ff.
3. Juan 12:31; 14:30; 16:11.
4. 1 Juan 5:19.
5. 2 Corintios 4:4.
6. 1 Juan 3:8; Lucas 4:18.
7. James Kallas, *The Significance of the Synoptic Miracles* [La importancia de los milagros sinópticos], SPCK, Londres, 1961, p. 79.
8. Lucas 13:16.
9. Hechos 10:38.
10. Salmos 103:2-3.
1.1. Mateo 14:13.
12. Mateo 14:14.
13. Mateo 9:35-36.
14. Lucas 4:39.
15. David Seamands, *Curación para los traumas emocionales,* CIR, 1993 (pp. 11-12 del original en inglés).

Capítulo 10: Termina la búsqueda

1. Tercera estrofa de «Come, Thou Fount» [Ven, tú, fuente] por Robert Robinson.
2. Rosemary Sutcliff, *The Light Beyond the Forest* [La luz más allá del bosque], Puffin, Nueva York, 1994, pp. 140-41.
3. Eugene Peterson, *A Long Obedience in the Same Direction* [Una obediencia duradera en la misma dirección], InterVarsily Press, Downers Grove, IL, 1980, pp. 12-13.
4. Sutcliff, *Light Beyond the Forest,* pp. 46,131.
5. 1 Timoteo 1:19.
6. Hebreos 3:12.
7. Leonard Sweet, *Soul Tsunami: Sink or Swim in New Millennium Culture* [Maremoto del alma: ahogarse o nadar en la cultura del nuevo milenio], Zondervan, Grand Rapids, 1999, p. 77.
8. Estas estadísticas, junto con muchas otras revelaciones útiles del cambio de la cultura en un mundo posmoderno se encuentran en el excelente primer libro de Sweet sobre el posmodernismo: *Soul Tsunami,* pp. 71-l03.
9. Stephen Ambrose, *Undaunted Courage: Meriwether Lewis, Thomas Jefferson, and the Opening of the American West* [Valentía extrema: Meriwether Lewis, Thomas Jefferson y la apertura del Oeste estadounidense] Simon & Schuster, Nueva York, 1997, p. 325.
10. William Law, *A Serious Call to a Devout and Holy Life* [Un llamado serio a una vida santa y devota], Westminster, Philadelphia, l950, p. 22.

11. Sutcliff, *Light Beyond the Forest,* pp. 44-45.
12. 1 Timoteo 11:7.
13. Santiago 5:16.
14. 1 Juan 1:9.
15. Frederick Buechner, *Telling the Truth* [Decir la verdad], Harper, San Francisco, 1977, pp. 81-85.
16. Ver la serie Mitford de cinco novelas por Jan Karon, la quinta es *A New Song* [Un cántico nuevo], Viking Penguin, Nueva York, 2000.
17. Tom Wolfe, Todo un hombre, Ediciones B, 2001
18. Susan Howatch, *Glittering images* [Imágenes que brillan], Fawcett Crest, Nueva York, 1987, p. 434.

Capítulo 11: Momentos especiales
1. Ian Murray, *Jonathan Edwards: A New Biography* [Jonathan Edwards: una nueva biografía], Banner of Truth, Carlisle, PA, 1988, pp. 42-43, 135.
2. *Ibid.,* p. 441.
3. Citado en D. Martyn Lloyd-Jones, *Joy Unspeakable* [Gozo inefable], Harold Shaw Wheaton, IL, 1984, pp. 79-80.
4. Blaise Pascal, *Pensamientos*, Losada, 1998, (p. 309 de la versión en inglés).
5. Simon Tugwell, ed., *Albert and Thomas, Selected Writings* [Albert y Tomas, escritos selectos], Paulist Press, Nueva York, 1988, p. 266.
6. Cited in Lloyd-Jones, *Joy Unspeakable,* pp. 95-96.
7. Romanos 8:15-16.
8. Lloyd-Jones, *Joy Unspeakable,* pp. 95.
9. *Ibid.,* p. 85.
10. *Ibid.,* p. 73.
11. Mateo 3:16-17.
12. Números 11:25.
13. 1 Samuel 10:10.
14. Hechos 10:44-47.
15. Hechos 19:6.
16. 1 Corintios 12:11.
17. Annie Dillard, *Teaching a Stone to Talk* [Cómo enseñarle a una piedra a hablar], HarperCollins, Nueva York, 1988, pp. 37-58.

Capítulo 12: La intimidad y el nacimiento de la visión
1. Génesis 1:27-28.
2. Usted puede encontrar la historia completa de la vida de Lewis en el libro excepcionalmente bien escrito de Stephen Ambrose *Undaunted Courage: Meriwether Lewis, Thomas Jefferson, and the Opening of the American West* [Valentía extrema: Meriwether Lewis,

Thomas Jefferson y la apertura del Oeste estadounidense] Simon & Schuster, Nueva York, 1997.

3. Os Guiness, *The Call* [El llamado], Word, Nashville, 1998, p.3.
4. Citado en Os Guiness, *The Call*, pp. 2-3.
5. Hechos 13:36.
6. Para comprender a cabalidad mis pensamientos acerca de nuestra intimidad con Dios y el nacimiento de la visión (lo cual está fundamentado en el acertijo entre sexualidad y espiritualidad, tal y como se encuentra en la poesía hebrea del libro del Antiguo Testamento El Cantar de los Cantares) por favor, lee «Epílogo: Reflexiones sobre sexualidad y espiritualidad» al final de este libro.
7. La misma palabra griega para «conocer» se utiliza en Mateo 1:25 y Mateo 7:23; ver también Génesis 4:1.
8. Bill McCartney con Dave Diles, *From Ashes to Glory* [De las cenizas a la gloria] Thomas Nelson, Nashville, 1995.
9. Lucas 1:35.
10. Frederick Buechner, *Wishful Thinking* [Pensamiento optimista], Harper San Francisco, San Francisco, 1993, p. 119.
11. Filipenses 3:7-10.

Epílogo: Reflexiones sobre sexualidad y espiritualidad

I. Génesis 1:27.
2. Leanne Payne, *Crisis in Masculinity* [Crisis en la masculinidad], Baker Books, Grand Rapids, 1995, p. 86.
3. Mateo 6:9; ver también Salmos 68:5 y Mateo 7:11.
4. Isaías 66:13.
5. Mateo 1:25 and Mateo 7:23.
6. Frederick Buechner, *The Longing for Home* [La nostalgia del hogar] Harper San Francisco, San Francisco, 1996, p. 23.
7. Dan B. Allender and Tremper Longman III, *Intimate Allies* [Aliados íntimos], Tyndale House, Wheaton, IL, 1997, p. 234.
8. *Ibid.*, pp. 247-55.
9. En esta sección estoy en deuda con el libro de John Michael Talbot, *The Lover and the Beloved* [El Amante y la amada], Crossroad, Nueva York, 1985.
10. Cantar de los Cantares 1:15-16.
11. Cantar de los Cantares 4:16-5:1.
12. Mike Mason, *The Mystery of Marriage* [El misterio del matrimonio] Multinomah Press Portland, OR, 1985, pp. 123-24.
13. Cantar de los Cantares 5:2.
14. Cantar de los Cantares 7:10-12.

Nos agradaría recibir noticias suyas.
Por favor, envíe sus comentarios sobre este libro
a la dirección que aparece a continuación.
Muchas gracias.

Editorial Vida
7500 NW 25th St. Suite 239
Miami, Florida 33122

Vidapub.sales@zondervan.com
http://www.editorialvida.com